5차 산업혁명시대
리더가 되라

THE FIFTH INDUSTRIAL REVOLUTION LEADER

5차 산업혁명시대 리더가 되라!

구자억 · 김창환 · 김한준
김현수 · 여인국 공저

동문사

서문

5차 산업혁명이란 4차 산업혁명이 생활화되는 단계를 말합니다. 디지털혁신(Digital Transformation)이 생활 속으로 들어오면서 사람들의 생활과 의식에 영향을 미치는 단계, 즉 사회혁신(Social Transformation)이 이루어지는 다음 시대를 말합니다. 코로나19 사태는 5차 산업혁명 시대를 앞당기고 있습니다. 본 저술에서는 다가오는 5차 산업혁명 시대를 조망하고, 5차 산업혁명 시대를 살아가기 위해 지금부터 어떤 준비를 어떻게 해야 하는지 제시하고자 합니다.

코로나19의 충격은 거대한 사회 변혁을 예고하고 있습니다. 코로나19는 언택트 사회, 온라인세계의 확장 등 디지털 사회를 촉진하는 촉매제가 되고 있습니다. 코로나19는 기술변화, 산업변화, 노동변화, 교육변화 등 사회 전반에 걸쳐 변화를 불러 올 것으로 전망됩니다.

코로나19는 향후 기술발전에 큰 동력이 될 것으로 전망됩니다. 전염병을 예방하고, 안전을 확보하는 디지털 기술이 더욱 촉진될 것으로 전망됩니다. 언택트 사회를 촉진하면서 온라인 관련 기술도 급속도로 발전할 가능성이 높습니다. 가상현실, 증강현실, 혼합현실 관련 기술의 발전도 촉진될 것입니다. 인공지능 기술 역시 더욱 촉진되면서 우리 사회 전반에 영향을 미칠 것입니다. 최근 일론 머스크가 설립한 회사 OPEN AI가 개발한 GTP-3의 성능을 살펴보면, 인공지능이 조만간 우리 삶을 지배할 것임을 쉽게 전망할 수 있습니다.

코로나19는 디지털 산업에 큰 영향을 미칠 것으로 전망됩니다. 특히 언택트 사회가 자리잡으며 온라인 산업이 급팽창할 것으로 전망됩니다. 온라인 쇼핑, 온라인 공연, 원격 의료, 원격 교육 등이 확산될 것입니다. 가상현실과 증강현실, 혼합현실이 지배하는 사회가 오면서 관련 산업도 크게 발전할 전망입니다. 반면, 기존의 오프라인 산업은 크게 위축될 전망입니다. 산업지형이 바뀌고 있는 것입니다. 특히 플랫폼을 기반으로 하는 산업은 더욱 촉진될 가능성이 매우 높습니다.

코로나19는 노동도 바꾸어 놓고 있습니다. 오프라인 세계가 후퇴하면서 조만간 많은 직업이 소멸될 것으로 전망됩니다. 재택근무, 원격근무가 확장되면서 1인 노동 시대가 도래할 것입니다. 바야흐로 긱 경제(Gig Economy)가 일상화되는 것입니다. 디지털 기술이 바탕이 되지 않는 직업의 가치는 약화될 것입니다. 디지털 신근로자 시대가 조만간 도래할 것으로 전망됩니다.

좋은 직업의 개념도 바뀔 것입니다. 디지털 직업, 데이터 직업 등 신 일류 직업이 등장할 것입니다. 모든 직업에서 디지털 기술이 기반이 될 것입니다. 디지털 의료, 디지털 법률, 디지털 교육 등이 그 사례입니다. 디지털로 무장되지 않으면 좋은 직업을 갖기는 어려울 것입니다.

코로나19는 교육의 모습도 바꾸어 놓을 것으로 전망됩니다. 지금까지의 교육은 기본적으로 오프라인 집합 교육이 기본이었으나, 이 지형이 바뀔 것입니다. 온라인 교육이 급속도로 확장될 것으로 전망됩니다. 또한 온·오프라인 블렌디드 러닝(blended learning)이 더욱 확대될 것으로 전망됩니다. 디지털 플랫폼이 교육현장을 지배하게 될 것입니다. 새로운 디지털 명문학교들이 등장할 것입니다. 이와 함께 교사의 역할에도 큰 변화가 올 것으로 전망됩니다. 지식을 전달하는 것은 인공지능이 담당하고, 사람 교사는 교육적 역할, 즉 학습컨설팅, 심리상담, 진로상담 등의 역할이 강화될 것입니다.

5차 산업혁명 시대는 미래를 설계하는 방법을 바꿀 것을 요구하고 있습니다. 그동안 우리는 좋은 대학에 가고, 좋은 직업을 얻는 것을 가장 중요하게 생각하고 살아왔습니다. 명문대학 진학을 목표로 자녀 교육에 올인하였습니다. 그러나 미래에도 그것이 통할지는 미지수입니다. 많은 전문가들은 미래에는 학벌보다 능력이 중요하다고 판단됩니다. 그러면 우리 자녀의 진로는 어떻게 지도하는 것이 옳을까요? 예측 불가능한 사회에서 다음 세대의 진로를 지도하는 것은 쉽지 않습니다. 미래를 제대로 준비하기 위해서는 근본적인 질문들을 던지고, 그에 대한 답을 찾으면서 미래를 설계하는 것이 필요합니다.

〈주요 질문〉

- ○ 미래에는 어떤 사람이 인정을 받을까?
- ○ 인공지능 시대에 일류기업은 어떤 인재를 원할까?
- ○ 미래 우리 아이의 진정한 경쟁자는 누구일까? 사람 or 인공지능
- ○ 그동안 우리 모두는 전문직을 원했는데, 강한 인공지능 시대에 전문직은 좋은 미래가 있을까?
- ○ 인공지능이 지배하는 사회에서 학벌의 가치가 얼마나 인정될까?
- ○ 수능 고득점자가 인공지능 시대에도 경쟁력이 있을까?
- ○ 미래에 좋은 직업을 얻기 위해서는 무엇을 준비하여야 할까?
- ○ 인공지능 시대에는 어떤 능력이 중시될까?
- ○ 미래에는 어떤 스펙이 인정받을까?
- ○ 우리 아이의 행복한 커리어는 무엇일까?
- ○ 우리 아이의 진정한 경쟁력은 무엇일까?

미래를 대비하는 교육은 무엇보다 알파세대의 미래에 대한 장기적인 고민 속에서 이루어져야 합니다. 사회가 빠르게 변하기 때문에 큰 그림 속에서 미래세계를 전망하고 미래를 설계할 필요가 있습니다. 큰 그림 속에서 다음 세대의 진로를 준비하는 것이고, 이것이 Big Picture를 만드는 작업입니다. 장기적 관점에서 30-40년을 내다보며 큰 그림을 그리고 단계별로 진로를 설계하는 것이 필요합니다.

다음 사진은 미국의 뉴욕 5번가를 촬영한 사진입니다. 하나는 1900년에 촬영한 사진이고, 다른 하나는 1913년에 촬영한 사진입니다.

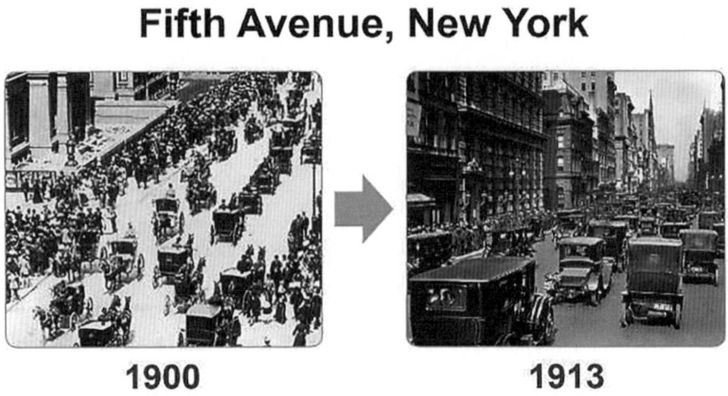

1900년까지만 해도 뉴욕거리는 마차가 지배하였습니다. 그러나 1913년에 자동차로 바뀌었습니다. 13년 만에 완전히 다른 상황이 된 것입니다. 1900년대 초 포드가 자동차를 생산할 것이라고 전문가들이 예견하였지만, 대부분의 사람들은 그 말을 신뢰하지 않고, 기존의 방식대로 말을 타는 방법을 배우고, 마차를 타는 방법을 배우는 것을 열심히 하였습니다. 그러나 사회 변화에 빠르게 대비하고 준비하는 일부 사람들은 자동차를 운전하는 방법을 배우고 자동차 시대에 대비하였습니다. 현재가 바로 이러한 변화의 시기입니다.

제1장에서는 빠르게 달라지는 세상을 살펴보겠습니다. 그동안 사회는 점진적으로 변하였습니다. 이러한 변화를 선형적 변화(lineal change)라고 부릅니다. 그러나 4차 산업혁명 이후 사회 변화의 속도가 빨라지고 있습니다. 가속화되는 변화를 Exponential Growth 라고 표현합니다. 제1장에서는 이러한 변화의 양상과 특징을 살펴보고자 합니다.

4차 산업혁명 이후의 세계를 디지털 혁신(Digital Transformation)이라고 표현합니다. 제2장에서는 현재와 미래 디지털 혁신이 어떤 분야에서 어떻게 이루어지고 있는지 고찰하고자 합니다. 특히 이러한 시대를 살아가는 다음 세대를 중심으로 고찰하고자 합니다.

디지털 혁신은 기술이 주도하고 있습니다. 제3장에서는 미래 사회를 지배할 주요 기술에 대해 살펴보고자 합니다. 특히 사회 혁신에 영향을 미치는 핵심 기술에 대해 고찰하고자 합니다.

제4장에서는 이미 시작된 혁신을 경제와 산업의 관점에서 고찰하고자 합니다. 디지털 경제, 플랫폼 경제, on-demand economy 등 주요 변화 트렌드에 대해 고찰하고자 합니다.

제5장에서는 알파세대가 마주하게 될 미래 직업세계에 대해 고찰하고자 합니다. 5차 산업혁명 시대는 직업세계의 급격한 변

화(job transformation)가 예상되고 있습니다. 미래 일자리 전망을 기초로, 유망 직업, 사양 직업, 위험 직업에 대해 알아보겠습니다.

제6장에서는 디지털 혁신으로 인해 앞으로 사회가 어떻게 변화해 나갈 것인지 고찰하고자 합니다. 미래 세상의 변화를 생활세계 변화의 관점에서 살펴보고자 합니다.

제7장에서는 미래 교육에 대해 살펴보겠습니다. 5차 산업혁명 시대에 변화하게 될 교육의 미래를 살펴보고, 그것이 주는 시사점을 고찰하고자 합니다.

제8장에서는 알파세대의 미래 설계 방법에 대해 고찰하고자 합니다. 5차 산업혁명 시대에는 새로운 도전을 맞게 될 것이고, 그러한 도전에 적극 대처할 수 있는 새로운 전략이 필요합니다. 미래에 대해 큰 그림을 갖는 Big Picture에 대해 살펴보겠습니다.

제9장에서는 5차 산업혁명 시대에 맞는 인간형에 대해 고찰하겠습니다. 5차 산업혁명 시대에 필요한 인재의 모습은 무엇이고, 갖추어야 하는 역량은 무엇인지 고찰하도록 하겠습니다.

미래는 멀리있는게 아닙니다. 가까이에 있습니다.

미래에 일어날 일들이 생활 속에 징조 형태로 존재할 때도 있습니다. 우리는 그러한 징조를 파악해서 대처해야만 합니다. 특히 5차 산업혁명 시기에는 더욱 그러합니다. 기술의 패러다임, 생활의 패러다임, 사고의 패러다임이 바뀌는 시기입니다. 이러한 때일수록 우리가 어디에 있는지, 무엇을 해야 할지 돌아보아야 합니다.

이 책은 미래를 준비하는 우리들이 5차 산업혁명을 어떻게 맞이하고, 대비할 것인지 알도록 하기 위해 쓰여졌습니다. 특히 5차 산업혁명을 온몸으로 받아야 하는 알파세대들에게는 이 책이 진로를 설정하는데 많은 도움이 될 것입니다. 이 책은 각 분야 전문가들의 협업을 통해 집필되었습니다. 이 책이 미래를 이해하고자 하는 분들께 조금이나마 보탬이 되었으면 합니다.

2021년 7월

저자 일동

차 례 C O N T E N T S

THE FIFTH INDUSTR

L REVOLUTION LEADER

제1장

모든 것이 변한다

Everything Changes

1. 모든 것이 변한다. everything changes

산에 올라보면 우리는 멀리까지 볼 수 있습니다. 북한산만 올라도 우리는 서울 시내를 모두 내려다 볼 수 있습니다. 날씨가 좋은 날에는 인천 앞 서해 바다까지 볼 수 있습니다. 더 높은 산을 오르면 더 멀리까지 볼 수 있습니다. 시야가 넓어지기 때문입니다. 시야를 더 넓히면 더 그게 더 멀리까지 볼 수 있습니다.

세상의 미래를 알아보기 위해서 많은 사람들이 책을 썼는데, 최근에 전 세계적으로 인기를 끌었던 책 중에 이스라엘 히브리대학 역사학과 교수인 유발 하라리가 쓴 '사피엔스'와 '호모데우스

(신이 된 인간)'가 있습니다. 그는 높은 산에 올라서 세계 전체를 다 내려다보는 것처럼, 인류의 역사 전체를 모두 내려다보면서 책을 썼습니다. 그래서 멀리 넓게 보면서 이야기를 했기 때문에 우리에게 많은 통찰과 시사점을 주었습니다. 수십 년이나 수백 년이 아니고, 수만 년 이상 긴 시간 인류의 역사와 진화를 분석하고 해석하면서 그가 내린 결론이 그 책 두 권의 후편인 호모데우스의 첫장에 적혀 있습니다.

"Everything Changes"

'모든 것이 변한다'는 것이 그가 그토록 큰 스케일로 분석하고 또 분석한 결론이라니 너무 싱겁지 않나 싶습니다. 오늘 지금 내가 보고 있는 것, 내가 가지고 있는 것, 내가 경험하고 있는 것, 내가 소속되어 있는 이곳, 내가 관계하고 있는 사람들 등 '모든 것이 변한다'는 사실은 우리가 이미 익숙하게 알고 있는 것이니까요. 그런데 한편으로 다시 생각해보면 너무나 중요한 진실이라 우리가 너무 자주 잊고 지내는 진실이 아닌가 싶습니다. 세상에 변하지 않는 유일한 진리는 '세상에 변하지 않는 것은 아무것도 없다'는 것이라고 오래 전부터 우리는 들어왔는데도, 우리는 거의 매순간 그걸 잊어버리고 행동하고 의사결정을 내리곤 합니다. 더구나 중요한 미래에 대한 의사결정에서도 그렇고, 나와 자녀들의 진학이나 전공 선택에 있어서도 그러하고, 직업 선택에서도 그

진실을 잊고 의사결정을 내리는 경우가 많습니다.

이제 우리는 모든 것이 변하는 이 불확실한 세상을 우리가 좀 더 확실하게 인식할 필요가 있습니다. 그래서 불확실성 하에서도 우리는 미래를 준비할 수 있도록 해야 합니다. 더구나 최근의 제4차 산업혁명 그리고 앞으로 올 제5차 산업혁명이라고 우리가 이야기하는 이 시대와 곧 다가올 미래 시대는 과거 어느 때보다도 변화의 폭이 크고 그 속도가 빠른 것이 특징이라고 합니다. 시대의 변화 방향을 잘 알고 미리 준비를 할 필요가 있습니다. 이 책은 여러분과 함께 그런 이야기를 하려고 시작하고 있습니다.

1) 지난 100년의 역사

우선 몇 가지 데이터를 가지고 무엇이 변화하고 있는지를 알아보겠습니다. 지금 21세기가 어떻게 변화하고 있는지를 지난 100년간의 데이터를 가지고 추정해 보겠습니다. 지난 20세기 100년도 인류 역사에서 큰 변화가 있었던 시기였습니다. 지난 수천년간 인류의 삶의 토대였던 농업이 그 중심적 위치를 다른 산업에게 넘겨 준 시기였습니다. 20세기 초에 태어난 사람들만 해도 거의 모두가 농사일에 종사하다 생을 마친 사람이 대부분이었습니다. 그런데, 20세기 중반 이후 선진국을 중심으로 산업화가 촉진되면서 농업의 비중이 급속하게 줄어들고 그 자리를 제품을 생산하는 제조업이 차지하였습니다. 그리고 이어서 인간의 삶의 욕구를 충족시켜 주는 서비스업이 급속히 성장하였습니다.

미국은 1950년 정도에 농업이 급속히 줄어들고 제조업은 안정 상태를 유지하고 서비스업은 급속히 증가하고 있습니다. 산업화가 늦게 시작된 중국의 경우도 20세기 말까지는 제조업이 거의 없었지만, 지난 20년간 농업이 급속히 줄어들고 그 자리를 제조업과 서비스업이 대체하고 있습니다. 다른 주요 국가들도 미국과 중국의 사이 정도에서 변화가 진행되어 왔습니다.

20세기 100년간 농업 감소/제조업 안정/서비스업 급속 증가

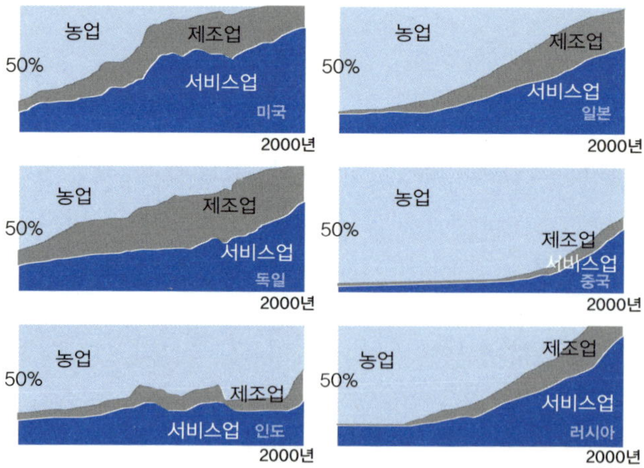

출처: 2004 IBM study, based on national labor data
Robert morris, IBM VP, SSME Conference 2006

[그림] 20세기 100년간 세계 주요 국가의 산업과 일자리 변화

출처: 김현수(2018). 경영의 신경영. 국민대학교출판부.

우리 한국의 경우, 대체로 1970년대 중반까지는 농업이 국민총생산의 50% 이상을 차지하는 중심 산업이었습니다. 그래서 1970년대 이전에 태어난 대다수의 한국 사람들은 농촌에서 어린 시절을 보냈습니다. 그러다가 급격한 공업 중심 국가가 되면서 공장들이 많이 생겨나고 도시로 인구가 몰려들어와 제조업 중심의 사회가 되었습니다. 일자리가 제조업에서 많이 만들어지고 많은 청년들이 공장에서 일을 하였습니다. 한국의 경우는 선진국들과 달리 이 시기가 빠르게 지나가고 1990년대 초반에는 제조업의 비중이 낮아지고 서비스업이 국민총생산의 50% 이상을 차지하는 시대로 접어들었습니다. 은행과 증권회사 등의 금융서비스회사들, 병원 등의 의료서비스, 관광회사, 문화와 엔터테인먼트 기업들, 방송통신과 정보기술 회사들이 많이 생겨나며 제품을 생산하지 않는 서비스 관련 일자리가 대다수를 차지하게 되었습니다.

2) 미래 산업 변화

이제 2021년 이후의 산업 구조와 일자리 구조는 어떻게 변화될까요? 지금까지의 추세를 보면 농업 등은 더 줄어들고, 제조업도 더 줄어들고, 서비스업은 더 늘어날 것으로 보입니다. 그러나 이렇게 산업 간 변화가 단순하지는 않을 것이라는 전망입니다. 각 산업들이 이대로 멈춰있지 않고 계속 변화하고 혁신을 해나가기 때문입니다. 과학기술은 계속 발전되고 있고, 각 산업의 주체들은 발전되는 과학기술을 활용하여 자신의 회사와 산업을 더 발전시키려고 최선을 다할 것이기 때문입니다. 예를 들어, 개발되는 인공지능 기술들을 활용하여 서비스업의 많은 일자리들이 인공지능을 장착한 시스템으로 대체되고 있습니다. 골드만삭스의 인공지능 애널리스트는 기존의 전문적 지식을 갖춘 애널리스트 15명이 4주 동안에 할 수 있는 일을 단 5분만에 수행하여, 수백 명의 애널리스트가 인공지능으로 대체되었다고 합니다. 제조업에서도 자동차 제조업 등을 비롯하여 최근까지도 사람이 해 온 많은 일들이 자동화되어 기계의 작업으로 대체되고 있습니다.

지금 진행되고 있는 산업혁명은 모든 산업에 영향을 미쳐 일자리들에 지각 변동이 예상되고 있습니다. 과거 1차 산업혁명 시대에는 수공업자들이 많이 일자리를 잃었고, 2차 산업혁명 시대에는 기계화로 인해 공장 근로자들이 일자리를 잃었습니다. 최근 정보기술이 발달하면서 사무직 근로자들의 일사리가 많이 줄고 있습니다. 예를 들어, 은행의 경우 예전에는 입출금 등을 담당하는 지점의 창구 직원이 많이 필요했는데, ATM 기기의 기능과 성능이 좋아지고 인터넷으로 은행서비스를 많이 할 수 있게 되면서 지점들이 많이 폐쇄되고 있고 일자리가 줄어들고 있습니다. 구글 등의 번역서비스가 성능이 좋아지면서 통역 및 번역일자리도 줄어들 것으로 전망되고 있고, 인공지능 요리사까지 등장하여 인간의 고유 영역으로 인식되던 요리사 직업까지도 위협받고 있다고 합니다.

3) 미래 일자리 변화

이제 일자리의 변화, 직업의 변화를 좀 더 자세히 알아보고, 미래를 전망해보겠습니다. 그동안 인류 경제 사회에서 직업이 어떻게 변화해왔고, 어떤 요인에 의해 변화해왔는지를 잠시 알아보겠습니다. 그리고 앞으로 제4차 및 제5차 산업혁명 시대에는 어떤 변화가 예상되는지를 전반적으로 알아보겠습니다. 예전과 지금 지하철 역사의 역무원 숫자를 한 번 비교해 보십시오. 한때는 그 수가 매우 많았지만, 자동화의 영향으로 지금은 지하철 역사에 근무하는 역무원 수가 극소수에 불과합니다. 앞으로 자율주행차가 도입되면 운전기사 등 대중교통 관련 직업은 더 큰 변화가 예상되고 있습니다.

인기 직업과 기피 직업도 큰 변화가 있었습니다. 1970년대(1974년) 서울 S대 학생들의 선호 직업과 기피 직업 조사를 보면, 선호 직업에는 지금은 이공계 기피현상으로 인기가 많이 떨어진 엔지니어가 2위에 올라있고, 기피 직업에는 현재 인기가 높은 배우, 아나운서, 운동선수, 카운슬러 등이 상위에 올라있습니다. 이렇게 지난 수십년간만 회상해봐도 한때 유망 직업이 과학기술 발전과 정부정책의 변화로 순식간에 사라지거나 인기가 추락하는 경우가 매우 많음을 확인할 수 있습니다.

이번에는 인류 전체의 직업세계 변화를 살펴보겠습니다. 국가가 형성되어 규모가 커지고, 정부기능이 증대되면서 공무원과 교사가 주요 직업으로 발전하였습니다. 정치외교, 경제산업, 사회복지안전 부문에 국가의 역할이 증대되면서 많은 나라들에서 직업공무원제를 채택하고 있고, 공무원은 주요 직업으로 자리잡았습니다. 우리나라도 최근 안전 관련 공무원 수가 증대되고 있고, 전반적으로 국가의 기능 증대에 따라 공무원은 계속해서 주요 직업이 되고 있습니다.

또 산업혁명 이후 지식의 중요성이 증대되고, 국가 또는 민간이 국민의 교육을 담당하게 되면서 교사가 주요 직업으로 자리잡았습니다. 산업혁명 이후 과학기술과 여러 학문이 발전하면서 대학도 증가하고 강의와 연구를 병행하는 교수도 주요 직업으로 자리잡았습니다.

과학기술 발전과 산업의 발전으로 새로운 직업들이 탄생하였는데, 예를 들면 전기 발명으로 전기 관련 직업들이 탄생하고 발전했으며, 전자공학 발전으로 전자 관련 직업들이 탄생하고 발전했고, 컴퓨터 발명으로 소프트웨어 엔지니어와 같은 직업들이 인기를 누리고 있습니다. 또한 민간 기업의 발전과 대형화로 경영

업무가 복잡하고 고도화되면서 경영 컨설팅 관련 직업이 탄생하여 발전하고 있습니다.

과학기술 혁신과 사회변화로 기존 직업의 쇠퇴도 가속화되고 있습니다. 앞에서 살펴본 대로, 자동화와 정보화로 지하철 역무원, 항공사 지상직 직원, 증권사 직원, 은행원 등의 직업이 빠르게 감소하거나 소멸되는 과정에 있습니다. 인공지능 등 기술의 발전으로 지적인 작업을 수행하는 기존 직업도 쇠퇴가 불가피할 것으로 예상되는데요, 주식매매전문가, 자산운영전문가 등도 급감이 전망됩니다. 이와 같이 지금 이 시간에도 현재 여러 직업들의 일자리가 감소하고 있거나 직업들이 소멸되고 있습니다.

4) 미래 직업 변화

앞으로의 변화 방향에 대해 수준 높은 통찰력을 획득하기 위해서 좀 더 체계적으로 직업의 역사를 분석해볼 필요가 있습니다. 인류의 역사는 직업 탄생과 소멸의 역사라고 할 수 있습니다. 인류가 수렵 · 채집시대에서 농경 · 목축시대로 발전하고, 농경 사회가 산업 사회로, 그리고 지금의 4차 산업혁명 시대로 발전하면서 어떤 직업들은 순식간에 사라지고, 어떤 직업들은 지속적으로 확대되고 발전해왔습니다.

인류가 농경 기술을 획득하면서 잉여 생산물이 생겨났고, 잉여 생산물을 판매하며 생활하는 농경인, 목축인이 등장했습니다. 농기구를 만드는 대장장이 등 제조인(공인)도 등장하고, 교환경제 탄생으로 상인이라는 직업도 등장했습니다. 농경 사회가 정착되면서 국가체제가 형성되어 공무원, 군인 직업이 등장했습니다.

제2차 직업혁명은 산업혁명으로 촉발되었습니다. 농경 · 목축시대에서 산업 · 정보시대로 발전하며 많은 직업들이 등장했습니다. 18세기 산업혁명으로 제조업과 서비스업 관련 많은 직업들이 등장했습니다. 증기기관, 전기, 컴퓨터 등 발명으로 새로운 직업들이 많이 탄생했는데요, 철도기관사, 전기기술자, 전자공학자, 컴퓨터 전문가 등 많은 직업들이 등장했습니다. 또 민간기업의 발전으로 변호사, 회계사, 변리사 등의 전문직업, 경영자, 경영컨설턴트, 디자이너 등이 주요 직업으로 발전하였습니다. 또 도시로 인구가 유입되고 및 인구가 크게 증가하면서 의사, 간호사 등 보건의료 관련 직업들, 요리사, 의류패션식 능 도시형 직업들, 관광가이드 등 관광레저, 스포츠 관련 직업들이 탄생하고 발전했습니다.

요약하면, 산업혁명으로 바야흐로 직업의 시대가 도래한 것입니다. 즉, 과학기술 발전으로 제조업이 융성하며, 공장노동자, 과학기술 관련 직업이 증가했고요, 산업 사회의 필요에 따라 교육, 금융, 의료보건, 법률, 경영 등 서비스 관련 직업이 증가했습니다.

전기가 발명되어 생산성이 증대되고 도시화가 촉진되며, 신 직업들이 증가했고, 국가기능 강화로 정치행정, 사회복지, 공공서비스 관련 직업이 증가했습니다. 이제 현대 국가에서는 거의 전국민이 직업에 종사하는 직업의 시대가 도래한 것입니다.

과거 농경사회 대가족 제도하에서는 직업이 없어도 생존이 가능했습니다. 즉, 직업이 없는 구성원을 가족이 돌보았고, 직업이 없는 구성원은 가족을 위해 할 수 있는 자신의 역할이 있었습니다. 현대 핵가족 시대에는 직업이 없으면 사실상 사회에서 퇴출되는 것입니다. 생활의 중심이 가족에서 직장으로 이동되었기 때문입니다. 국가가 사회보장시스템으로 일부 생계비를 보조하지만, 사회와의 관계의 끈이 끊어지게 되므로, 다른 사회관계망 형성이 없으면, 사회에서 퇴출되는 결과를 초래하는 상황입니다.

5) 직업세계 변화 요인

이렇게 직업이 우리 삶의 거의 전부가 된 세상이기 때문에 앞으로 직업세계가 어떻게 변화할지 예측하기 위해 그동안의 직업세계 변화 요인을 분석해 보겠습니다. 인류 사회의 직업세계 변화촉진 요인은 3가지로 분석할 수 있습니다. 국가 사회의 발전, 과학기술의 발전, 도시화와 인구구조 변화 등 3가지로 요약할 수 있습니다.

먼저, 국가 체제의 형성과 발전입니다. 왕조 시대를 거쳐 근대 시민 국가가 형성되면서, 국가의 기능이 크게 증대되었습니다. 증대된 국가 기능을 수행하기 위해 정부 및 공공부문 직업이 크게 늘어났습니다. 중앙공무원과 지방 공무원들이 증가하였고, 권력이 일반국민에게 있는 민주주의 국가가 되면서 대국민 사회복지 관련 직무 및 직업이 크게 늘어났습니다. 환경, 노동, 산업, 기업, 국제관계 등 관련 공공부문의 직업도 증가하였습니다.

두 번째로, 과학기술 발전이 직업세계를 크게 변화시켰습니다. 민간기업과 산업의 발전으로 기업 관련 직업이 증가하였습니다. 금융 관련 직업, 경영 관련 직업, 교육 관련 직업, 연구 관련 직업이 크게 증가하였습니다. 생산성 향상으로 인한 유휴시간 증대를 활용한 서비스 직업이 크게 증가했습니다. 스포츠, 엔터테인먼트, 관광레저, 애완동물서비스 등의 새로운 직업들이 인기를 누리고 있습니다.

세 번째로, 인구증가와 도시화가 직업세계를 크게 변화시켰습니다. 근대 이후 인구의 급속한 증가와 도시화 촉진으로 관련 직업이 증가했는데요. 의사, 간호사 등 보건의료 관련 직업, 각종 서비스 직업이 크게 증가했습니다. 네트워킹 비즈니스, 각종 대행 직업, 심리치료사, 마사지사 등 대인서비스 직업도 크게 증가했습니다.

[그림] 새로 생겨나는 많은 직업들 (구글 오피스)

출처: 크리에이티브 커먼즈 라이선스

6) 5차 산업혁명 시대 직업세계 변화

그러면, 앞으로 제4차 또는 제5차 산업혁명 시대에 미래 직업세계가 어떻게 변화할지 전망해 보겠습니다. 미래 예측이 어렵기는 하지만, 거시적으로 보면 앞으로 인류 사회의 직업세계 변화 촉진 요인도 그동안의 인류 사회의 직업세계 변화 촉진 요인과 같이 3가지로 요약할 수 있습니다.

우선, 과학기술과 산업화의 영향은 더욱 가속화될 전망이며, 인구도 상당기간 증가할 것이며, 도시화도 더욱 촉진될 전망이고,

국가의 기능도 더욱 확대될 전망입니다. 자본주의 지속으로 양극화가 확대될 전망이기 때문에, 국가의 사회복지 역할이 증대되고, 국제관계 증대, 국민안전기능 증대로 정부 및 공공 일자리 증대가 예상됩니다. 인구의 증가와 함께 서비스의 집합체인 도시로의 인구 유입(도시화) 지속으로 서비스 산업 및 관련 직업이 더욱 증대될 전망입니다. 인공지능과 IT 기술, 생명공학 기술의 발전으로 신산업 발전이 촉진되고 관련 직업이 많이 탄생하고 발전할 전망입니다.

더 큰 그림으로 제시하면, 제4차 및 제5차 산업혁명 시대의 산업 구조와 일자리 구조는 U자형으로 진화될 전망입니다. 인공지능의 영향으로 인간의 일자리는 상당 부분 기계로 대체될 전망인데, 기계가 대체하기 어려운 인간의 고유 역량 중심으로 직업 및 고용 구조가 변화될 전망입니다. 기계가 대체하기 어려운 인간의 고유 역량은 역량 진화 기간에 비례한다는 이론이 있습니다. 인공지능을 오랜기간 연구해 온 한스 모라벡은 쉬워보이는 인간의 역량은 오히려 기계가 모방하기 어렵고, 어려워 보이는 인간의 역량은 오히려 기계가 모방하기 쉽다고 하였습니다.

따라서 다음 그림과 같은 방향으로 인간의 직무는 기계로 대체되고 있습니다. 위험도가 높거나 힘이 많이 필요한 정도가 가로축이고, 직무를 과학화할 수 있는 정도를 세로축으로 놓고 보면 다음 그림과 같이 힘이 많이 필요하고 과학화가 가능한 영역은 이미 기계로 거의 대체되었고, 작은 힘이 필요하면서도 과학화가 어려운 직무들은 상당기간 인간이 우위를 보일 것으로 예측되고 있습니다. 그 중간에 있는 영역은 인간의 의지와 과학기술 발전에 의해 점차 기계로 대체되고 있는 상황입니다.

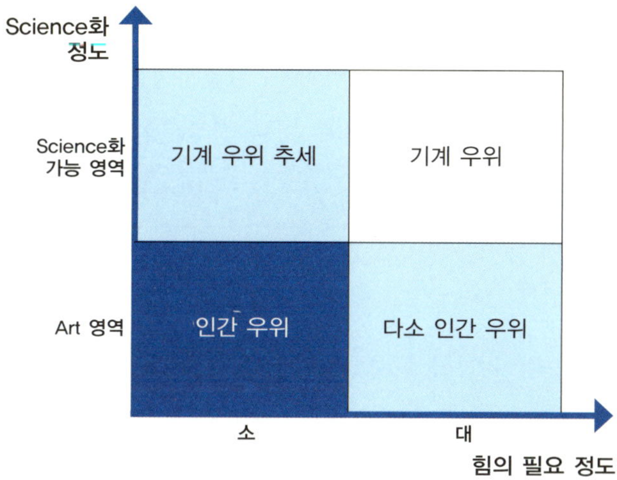

[그림] 인간 노동의 기계 대체 추세

출처: 김현수. 제4차 산업혁명의 서비스경제화 촉진 연구. 서비스연구, 제6권 제3호, pp.15-27.

또한 인간 호모사피엔스는 과거 호모사피엔스보다 체격이 컸던 네안데르탈인 등을 제치고 지구를 정복했던 비교우위 역량인 협동역량 측면에서 기계보다 우월하기 때문에, 이 협동 역량을 중심으로 인간의 직업이 강화될 전망입니다. 따라서 오랜 기간 진화된 인간의 육체적 고유 역량을 발휘하는 A 타입 직무와 고도의 인간 지혜와 인간 간의 협동 역량을 발휘하는 일자리인 B 타입 일자리를 중심으로 인간의 직업세계가 발전될 전망입니다. 즉, 인공지능이 할 수 없는 섬세한 육체적 동작을 필요로 하는 A 타입 직무들과 인공지능이 수행하기 어려운 창의적 활동들인 B 타입 직무들을 인간이 수행하게 될 것입니다. 예술이나 놀이와 관련된 창의적 직무들은 인공지능이 인간보다 잘하기 어려울 것이며, 새로운 인공지능을 만드는 일이나, 인공지능을 경영하는 일도 인간이 인공지능보다 더 잘 할 수 있는 직무들일 것입니다. 과학기술과 예술을 접목하여 새로운 창조를 이루어내는 일 등은 인공지능이 인간의 능력을 따라오기가 매우 어려운 일들일 것입니다.

이와 같이, 수십만 년 이상의 긴 역사를 가지고 인간에게 축적된 인간의 고유 역량을 유감없이 발휘하는 시대가 미래 사회일 것입니다. 그동안 산업경제 시대를 거치면서 산업혁명을 위한 과학기술이 매우 중요한 역할을 한다고 인식되어 있었기 때문에, 인간의 고유 역량에 대한 존중이나 이해가 교육에서 많이 부족했다고 생각됩니다. 이제 인간의 섬세한 육체적 능력에 대한 이해, 인간의 창의적 정신 능력에 대한 이해, 모두 예술가로서의 잠재력을 가진 인간에 대한 이해, 놀이하는 인류로서의 인간에 대한 이해를 깊이 있게 해야 할 시간이라고 생각됩니다.

기계 우위 산업에서 인간 우위 산업으로의 일자리 이동

– 오랜 진화를 통해 최적호된 섬세한 인간 고유 역량 요구 직무(A)

– 협업력과 창조력에 의한 고급 인적 역량 요구 직무(B)

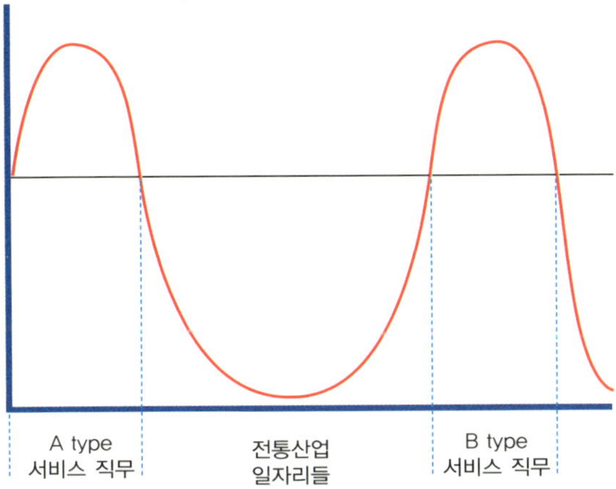

[그림] 미래 사회의 일자리 구조 예측

출처: 김현수. 제4차 산업혁명의 서비스경제화 촉진 연구. 서비스연구, 제6권 제3호, pp.15–27.

2. 모든 것이 매우 빠르게 변한다.everything changes exponentially

1) Exponential Growth

그동안 이 세계는 직선과 같이 점진적으로 변화하였습니다. 미래가 어떤 모습으로 변할지 어느 정도 예측도 가능하였지요. 그러나 미래의 변화는 곡선과 같습니다. 매우 빨리 변하여 예측이 힘들게 됩니다. 이것을 exponential growth라고 표현합니다.

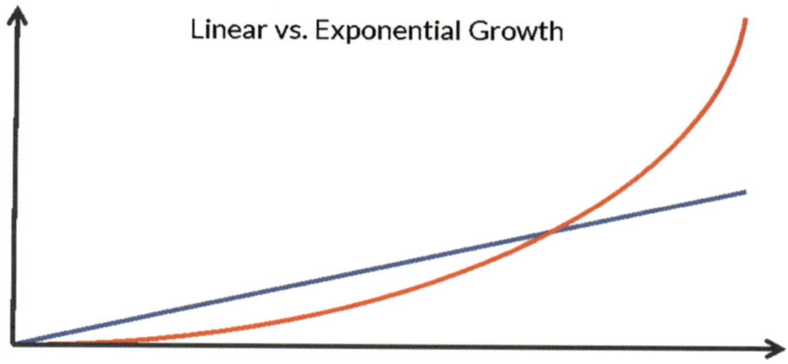

출처: morethandigital.info.

빠른 변화는 기술이 주도하고 있습니다. 컴퓨터 발전의 속도가 1980년 이후 급속도로 증가하고 있습니다. 미국의 유명 잡지 포브스는 2020년 이후 컴퓨터 능력이 엄청 빠른 속도로 증가한다고 전망하고 있습니다.

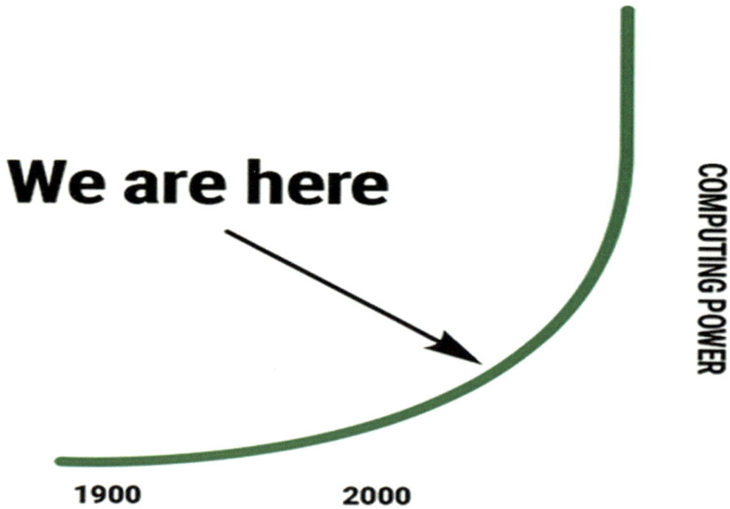

출처: Forbes, 2019.04.23.

세계 인터넷 사용 인구도 1995년 이후 급속도로 증가하고 있습니다. 인공지능의 경우, 2016년 이후 급속도로 발전하고 있습니다.

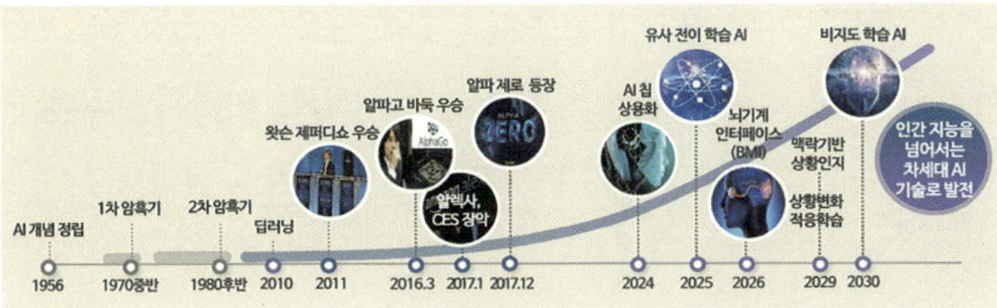

출처: 과학기술정보통신부 Webzine, 2018.

2021년 현재 우리는 선형적 증가를 멈추고 폭발적 증가의 분기점에 놓여 있다고 할 수 있습니다. 이 점은 이동통신의 발달에서 체감하게 됩니다. 2018년 5G, 5세대 모바일 네트워크가 도입되면서 데이터 전송 속도가 매우 빨라졌습니다.

크리에이티브커먼즈 라이센스

3G 스마트폰이 처음 등장했을 때를 떠올려보세요. 걸어 다니며 인터넷을 하고, 달리는 차 안에서 영상을 보기 시작했죠. 이전의 생활 방식을 완전히 바꿔놨습니다. 4G LTE-A 상용화로 고사양 게임과 HD 화질의 영상 콘텐츠를 실시간으로 즐길 수 있게 되었죠. 영상 통화도 일상이 되었습니다. 5G는 이전의 속도와는 차원이 다릅니다. 뿐만 아니라 앞으로 더욱 빨라질 것입니다.

2) 알파세대와 Exponential Growth

알파세대는 Z세대 다음의 세대를 말합니다. 알파세대는 이렇게 빨리 변하는 일상을 살아가게 될 것입니다. 그동안은 미래를 준비하는 것이 일정 부분 가능하였습니다. 미래를 잘 몰라도 미래를 준비하는 것에 큰 어려움이 없었습니다. 이렇게 미래를 전망하는 것이 가능하였던 이유는 사회변화가 천천히 이루어졌기 때문입니다. 적응하는 데 큰 어려움이 없었던 것이죠. 그러나 빠르게 변화하는 시기에는 미래를 예측하는 것이 매우 어려워집니다.

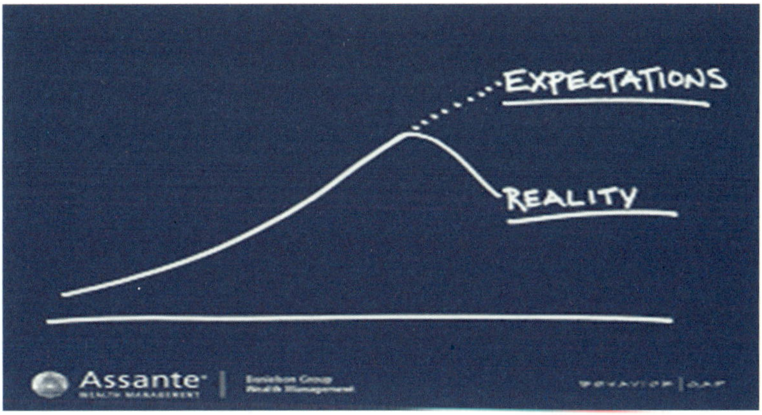

크리에이티브커먼즈 라이센스

알파세대의 미래는 어떻게 될지 예측하기 어렵습니다. 미래를 예측할 수 있을 때는 준비가 가능했는데, 알파세대의 경우, 미래를 모르기 때문에 준비하기가 어렵다는 것입니다. 처음 가는 길인데 네비게이션 없이 길을 찾아야 하는 것과 같습니다.

3) 알파세대와 민첩성(Agility)

그럼 어떻게 해야 할까요? 미래 사회가 매우 빠르게 변화할 경우, 신속하게 대응하는 민첩성(agility)이 그 어느 때보다 중요해지고 있습니다. 빠른 사회변화에 대응하는 능력이 중요합니다. exponential growth가 새로운 일상으로 다가오는 사회에서 한국의 '빨리빨리' 문화가 긍정적인 영향을 미칠 수 있습니다. 현재 코로나 사태에서 한국이 잘 대응하는 것도 이러한 민첩성 때문입니다. 또한 유연성도 중요합니다. 어떤 미래가 오더라도 새로운 변화에 융통성 있고 유연하게 대응해 나가는 능력이 필요합니다.

선형적 증가(linear growth)에 기초하면, 미래를 어느 정도 예측할 수 있습니다. 내일 날씨를 어느 정도 예측이 가능한 것과 같습니다. 미래에 어떤 직업이 유망한지 알 수 있습니다. 따라서 미래를 준비하는 것이 가능합니다. 현재 대한민국의 진로 지도는 이러한 선형적 변화를 전제하고 있습니다. 좋은 직업이 보여지고, 좋은 직업을 갖기 위해서 좋은 대학에 가야 하고, 그러기 위해 수능시험에서 좋은 성적을 내야 하고, 그러기 위해서는 공부를 열심히 해야 합니다. 이것이 해방 이후 대한민국 모든 사람의 삶을 규정하는 기본 패턴이었습니다.

그런데 exponential growth 시대에는 직업 변화가 매우 심해질 것입니다. 알파세대는 20년쯤 후에 사회에 진출하고 직업을 갖게 될 것입니다. 지금의 유망 직업이 그때에도 유망할까요? 그때에도 의사, 변호사가 좋은 직업으로 남아 있을까요? 그 누구도 장담하기 어려운 상황입니다. 10년의 미래도 전망하기 어려운데 어떻게 20년 후를 확신하며 예측할 수 있을까요?

확실한 것은, 기존에 좋은 직업이 항상 좋은 것은 아닐 것입니다. 새롭게 떠오르는 유망 직업이 생길 것입니다. 사라지는 직업도 많이 생길 것입니다. 따라서 직업 변화에 대한 빠른 대응력(agile)이 중요해집니다.

알파세대의 미래는 매우 빠르게 변할 것입니다. 폭발적 기술 발전이 그것을 이끌고 있습니다. 사회가 빠르게 변화하고, 미래를 예측하는 것이 불가능합니다. 알파세대가 민첩성, 적응력, 유연성을 바탕으로 미래의 난제를 헤쳐 나가도록 지도하는 것이 중요합니다.

지금까지 미래 직업세계가 과거보다 변화의 폭이 크고 속도가 빠를 것이라는 점을 살펴보았습니다. 과거 5,000년 역사 시대 변화보다 앞으로의 미래의 변화속도가 빠르고 변화예측이 어려울 것입니다. 변화 예측이 어려울수록, 우리가 미래를 더욱 최선을 다해 준비해야 할 것입니다. 그래서 우리는 높은 산에 올라가서 아래를 보듯이 거시적 흐름을 인지하고 이해하는 것이 중요하다고 생각합니다.

제2장

디지털이 바꾸어 가는 세상

Digital Transformation

1. 디지털의 개념

디지털이란 digit이란 개념의 형용사입니다. digit은 손가락을 의미하는데, 여기서는 개수(즉, 1개, 2개 등)라고 이해하면 될 것 같습니다. 예를 들어, 375는 3개의 digit으로 구성된 숫자입니다.

digital이란 의미는 첫째, 뭔가 숫자와 관련되어 있다고 이해할 수 있습니다. 예를 들어, 전통적인 시계는 1부터 12까지를 표기한 평면에 시침과 분침과 초침을 사용하여 시간을 보여줍니다. 그러나 요즘은 12:31처럼 숫자로 표기하여 12시 31분이라는 것을 알려주기도 합니다. 숫자, 즉 digit으로 표기한 방식이지요. 앞의 것을 우리는 아날로그 방식이라고 부르고, 뒤의 것을 디지털 방식이라고 부릅니다.

둘째, digital이란 의미는 컴퓨터와 관련을 맺고 있습니다. 컴퓨터는 모든 자료를 디지털 방식으로 처리합니다. 컴퓨터는 이진법을 이용하여 데이터를 처리합니다. 즉, 0과 1이라는 두 개의 숫자만을 이용하고 숫자를 조합하여 데이터를 처리하는 것을 말합니다.

셋째, digital이란 컴퓨터를 기반으로 검색하고, 생산하고, 소비하고, 소통하고, 감상하고, 즐기는 모든 시스템과 매체와 활동을 말합니다. 이로부터 디지털 산업, 디지털 콘텐츠, 디지털 매체, 디지털 세대 등의 개념이 등장하였습니다. 그리고 4차 산업혁명을 digital transformation이라고 부릅니다.

2. 디지털 혁신

지금 시작되고 있는 디지털 혁신은 거대한 사회 변화를 예고하고 있습니다. 디지털 혁신은 기술 변화, 산업 변화, 노동 변화, 교육 변화 등 사회 전반에 걸쳐 변화를 불러올 것으로 전망됩니다. 미래 알파세대가 살아갈 환경 전체를 변화시키는 것입니다.

디지털 기술은 디지털 산업에 큰 영향을 미칠 것으로 전망됩니다. 특히 언택트 사회가 자리잡으며 온라인 산업이 급팽창할 것으로 전망됩니다. 온라인 쇼핑, 온라인 공연, 원격 의료, 원격 교육 등이 확산될 것입니다. 가상현실과 증강현실 그리고 혼합현실이 지배하는 사회가 오면서 관련 산업도 크게 발전할 전망입니다. 반면, 기존의 오프라인 산업은 크게 위축될 전망입니다. 산업 지형이 바뀌고 있는 것입니다. 특히 플랫폼을 기반으로 하는 산업은 더욱 촉진될 가능성이 매우 높습니다.

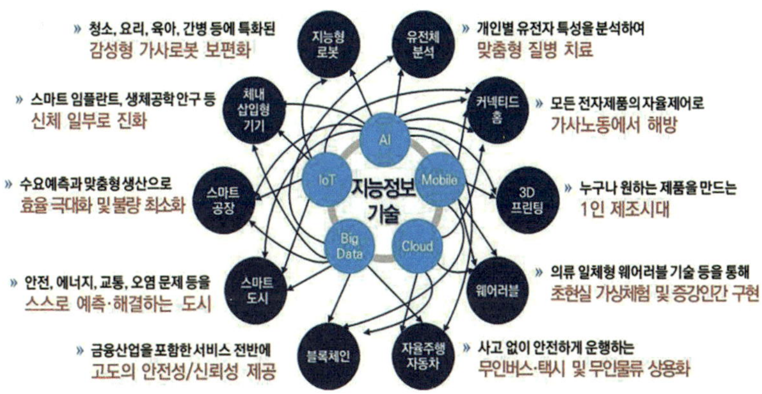

출처: 과학기술정보통신부(2017).

디지털 전환은 노동도 바꾸어 놓고 있습니다. 오프라인세계가 후퇴하면서 조만간 많은 직업이 소멸될 것으로 전망됩니다. 재택근무, 원격근무가 확장되면서 1인 노동 시대가 도래할 것입니다. 바야흐로 긱 경제(Gig Economy)가 일상화되는 것입니다. 디지털 기술이 바탕이 되지 않는 직업의 가치는 약화될 것입니다. 디지털 신 근로자 시대가 조만간 도래할 것으로 전망됩니다.

크리에이티브커먼즈 라이센스

디지털 혁신은 좋은 직업의 개념도 바꿀 것입니다. 디지털 직업, 데이터 직업 등 신 일류 직업이 등장할 것입니다. 모든 직업에서 디지털 기술이 기반이 될 것입니다. 디지털 의료, 디지털 법률, 디지털 교육 등이 그 사례입니다. 조만간 인공지능 교사도 등장할 것입니다. 알파세대의 경우, 디지털로 무장되지 않으면 좋은 직업을 갖기 어려울 수 있습니다.

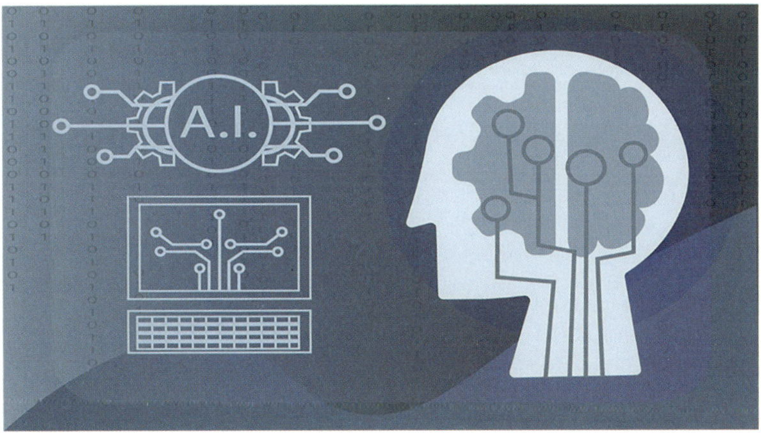

크리에이티브커먼즈 라이센스

3. 디지털 기술

시장에서의 경쟁이 치열해지면서 기업들은 싸고 좋은 물건을 만들어내기 위해 온갖 노력을 기울이고 있습니다. 그 대표적인 노력 중의 하나가 바로 기술개발 투자입니다. 이미 널리 알려진 사실이지만 지금 이 시간 국내외를 막론하고 수많은 기업들이 앞을 다투어 새로운 기술과 제품을 만들어 낼 궁리를 하고 있습니다. 어마어마한 돈을 들여서 말입니다. 그 결과 하루가 멀다 하고 새로운 발명들이 탄생하고 있습니다. 미국, 일본, 중국, 유럽, 한국에서 출원된 특허만 해도 한 해에 수백만 건이 됩니다.

우리가 여기서 주목해야 할 것은 수없이 많이 탄생하는 기술의 숫자가 아닙니다. 기술개발에 투입되는 자금의 규모도 아닙니다. 물론 이런 것들도 중요합니다만 더욱 더 주목해야 할 것은 이렇게 태어난 기술들이 발전하는 속도입니다. 기술이 발전하는 속도가 날이 가면 갈수록 빨라진다는 것이지요. 처음 개발한 것보다 더 좋은, 더 좋은, 더 좋은 기술들이 점점 더 빠르게 나오면서 예전에는 상상도 못했던 수준에 도달하고 있습니다.

이해를 돕기 위해 예를 들어 설명해 보겠습니다. 컬러 브라운관 TV가 나온 후, 얇고 가벼운 컬러 LCD TV가 나올 때까지 약 50년이 걸렸습니다. 반면에 컬러 LCD TV가 나온 후, 이보다 더 밝고 선명한 LED TV가 나오기까지는 불과 9년밖에 안 걸렸습니다. 또 LED TV가 나온 후, 이보다 더 선명한 OLED TV가 나오기까지는 단 3년 정도가 걸렸을 뿐이지요.

〈텔레비전의 역사〉

컬러 브라운관 TV	컬러 LCD TV	LED TV	OLED TV

1954년	2000년	2009년	2012년

이러한 예는 또 있습니다. 불과 1~2년 전만 해도 인터넷 포털에서 제공하는 번역서비스를 이용해 보면 그 결과가 실망스럽기 짝이 없었습니다. 도대체 무슨 말인지를 모를 정도로 번역의 결과가 형편없었습니다. 그래서 원문을 한 줄 한 줄 확인해 나가면서 번역문을 바로 고쳐야 했지요.

그러나 지금은 사정이 많이 달라졌습니다. 제법 정확하게 번역이 이루어져 마치 우리글을 읽는 것처럼 편하게 번역문을 읽어나갈 수 있게 됐습니다. 더 나아가 이제는 스마트폰으로도 번역서비스를 이용할 수 있게 되었습니다.

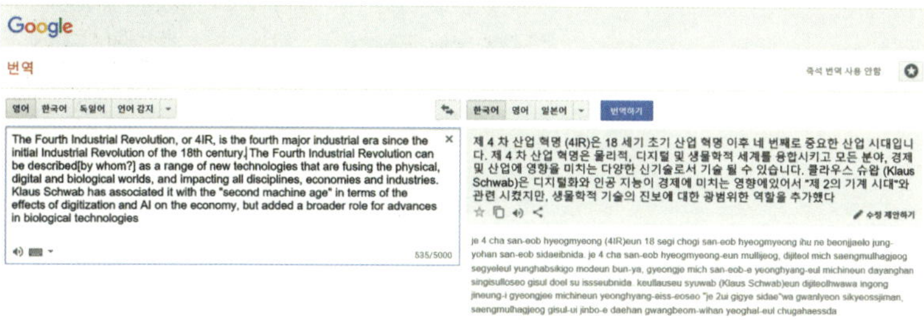

〈구글 번역장면〉

음성인식 기술도 마찬가지입니다. 2000년대 초만 해도 많은 대학과 연구소 그리고 기업이 음성인식 기술을 발표했으나 사람의 말을 정확하게 알아듣는 제품은 거의 없었습니다. 고작해야 개발에 참여한 사람의 말만 겨우 알아듣는 정도였지요. 그러나 지금은 어떠한가요? 모두들 목소리로 스마트폰을 조작해 본 적이 있으시지요? 자동차에서 말로 전화를 걸거나 오디오를 작동해 본 적이 있으시지요? 그렇습니다. 이제 음성인식 기술은 더 이상 실험실에만 머물러 있는 기술이 아닙니다. 실생활에 바로 응용할 수 있는 기술이 되었습니다. 모두 크게 높아진 기술수준 덕분입니다.

〈스마트폰에서의 음성인식 활용 장면〉

이렇듯 과거에는 기술의 수준이 서서히 발전해 왔다면 지금은 기하급수적으로 발전을 거듭하고 있는 것입니다. 아무튼 앞으로 기하급수 기술의 출현과 함께 불가능하게만 여겨졌던 분야에도 큰 변화가 일어날 것으로 전망됩니다.

4. 디지털 소비

누구나 알고 있는 것처럼 요즘 우리는 모든 것이 풍요로운 시대에 살고 있습니다. 금전적인 여유만 있으면 무엇이든지 원하는 것을 쉽게 손에 넣을 수 있게 되었습니다. 그러나 불과 4, 50년 전만 해도 이런 일은 감히 상상도 할 수 없었습니다. 상품의 생산이 많이 부족해 비싼 값을 치르고도 소비자가 원하는 것을 얻지 못했습니다. 그렇다고 상품의 성능이나 품실이 아주 뛰어났던 것도 아니었습니다. 반면에 생산자 입장에서는 만들기만 하면 비싼 값으로 상품을 판매할 수 있는 혜택을 누렸습니다. 살 사람은 많은데 팔 상품이 턱없이 부족하니 그럴 수밖에 없었던 것이지요. 그러나 이것도 그리 오래가지 못했습니다.

상품이 좀 팔린다고 하니까 이를 생산해 판매하려는 사업자가 하나둘씩 늘어나기 시작했습니다. 자연스럽게 공장에서 생산하는 상품의 양도 크게 늘어났습니다. 상품의 질도 조금씩 나아지기 시작했습니다. 가격도 점점 떨어지기 시작했습니다. 마음만 먹으면 누구나 원하는 것을 쉽게 손에 넣을 수 있게 되었습니다. 더 이상 생산자가 시장을 주도하는 시대는 지나고 생산과 수요가 적당히 균형을 맞추는 시대가 된 것이지요.

그러나 이것도 잠깐이었습니다. 한 20여년 전부터 공장 자동화다 뭐다 해서 생산 시스템에 큰 변화가 일어나기 시작했습니다. 상품의 생산이 크게 늘어나면서 생산자가 상품을 판매하는 것을 걱정하게 되었습니다. 비슷한 상품이 여기저기서 마구 쏟아져 나오니 그냥 앉아서 편하게 상품을 파는 것이 어렵게 된 것이지요. 이제 하나라도 더 많이 팔기 위해서는 상품의 가격을 낮추거나 같은 가격에 더 좋은 상품을 만들어 내야만 합니다. 이렇게 해도 시장에서의 경쟁은 점점 치열해져만 갑니다. 장사를 하고 남는 이익도 예전만 못합니다. 어떨 때는 밑지고 파는 출혈경쟁이 일어나기도 하지요. 앞으로도 이러한 현상은 계속 이어질 것으로 전망됩니다.

따라서 앞으로 생산자는 소비자가 원하는 것을 소비자가 원하는 가격으로 제공해야만 합니다. 그렇지 않으면 소비자의 선택을 받을 수도, 시장경쟁에서 살아남을 수도 없을 것입니다.

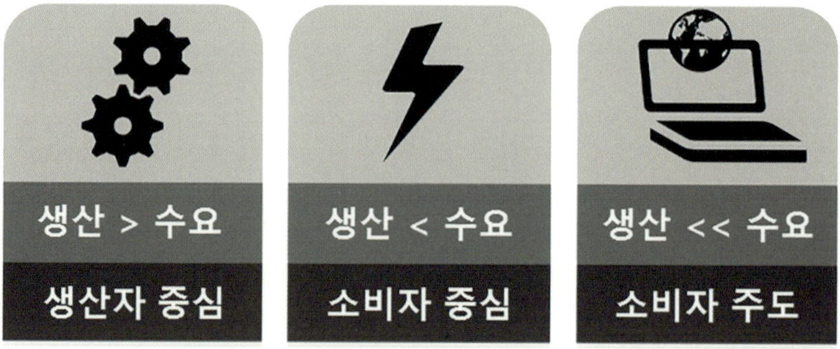

〈시장의 변화〉

5. 디지털 세대

디지털 세대는 디지털 환경 속에서 성장하고 영향을 받으며 살아가는 세대를 말합니다. 디지털 세대는 1990년대 후반부터 진행된 정보화 사회, 즉 컴퓨터가 사회혁신을 주도할 때 태어난 밀레니얼 세대 또는 Y세대를 일컬었습니다. 그 이후 소셜미디어가 유행하던 시대의 주역인 Z세대 역시 디지털 세대라고 부릅니다. 그러나 알파세대는 이전의 디지털 세대와는 다른 특징이 있습니다. 알파세대는 태어날 때부터 완벽히 갖추어진 디지털 환경 속에서 성장하고 있습니다. 그들은 태어날 때부터 스마트폰을 갖고 태어난 세대입니다. 따라서 그들은 born digital세대입니다. 스마트폰은 2009년 이후 전 세계 모든 사람들을 지배하고 있고, 알파세대 역시 스마트폰으로 아주 어릴 때부터 디지털 환경을 접하고 성장하고 있습니다.

크리에이티브커먼즈 라이센스

미래 알파세대는 5G, 6G 네트워크 환경 속에서 스마트폰으로 검색을 하고, 게임을 하고, 유튜브를 보고, SNS 활동을 하고, 쇼핑을 하고, 웹툰을 보는 등 하루 종일 네트워크에 연결된 삶을 살게 될 것입니다. 디지털 라이프는 디지털 사고에 익숙하게 되고, 디지털 관계를 맺고, 디지털 행동을 하게 될 것입니다.

크리에이티브커먼즈 라이센스

그러나 디지털 세대가 동시에 디지털 노마드로 평생 살아갈 수는 없습니다. 그리고 디지털 삶이 늘 행복한 것은 아닙니다. 오프라인에서의 아날로그 방식에 대한 그리움도 많아질 것입니다. 따라서 디지털 디톡스, code cutting이 필요하기도 합니다. 건강한 삶은 현재에도 미래에도 균형과 조화일 것입니다.

크리에이티브커먼즈 라이센스

6. 디지털 인재

기술의 발전 속도가 빨라지면서 이를 먼저 획득하려고 치열한 경쟁을 벌이고 있습니다. 경우에 따라서는 쉽고 빠르게 좋은 기술을 얻기 위하여 수단과 방법을 가리지 않기도 합니다. 좋은 기술을 가진 대학이나 연구소와 공동으로 연구를 하는가 하면 아예 좋은 기술을 가진 기업을 통째로 인수해 버리는 경우도 있습니다. 대표적인 예로 세계적인 통신장비 회사인 미국의 시스코라는 회사는 창립 이래 지금까지 190개가 넘는 회사를 인수했습니다. 그 회사들이 보유한 기술과 인력을 한꺼번에 얻어 또 다른 혁신적인 제품을 만들어 내기 위한 것이었습니다. 이 회사는 이런 방식으로 경쟁력을 높여 나가 지금은 이 분야 최고의 회사가 되었습니다.

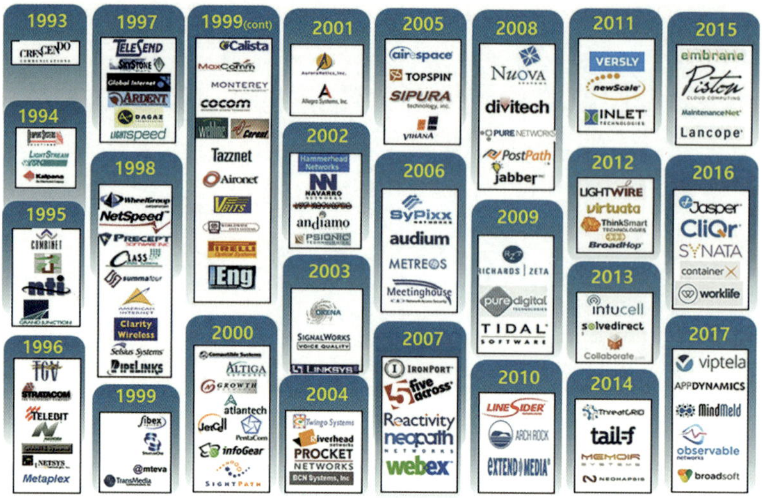

〈미국 시스코사의 기업 인수현황〉

또한, 최근 글로벌 기업 구글이 '딥마인드'라는 영국의 신생벤처기업을 거액에 인수한 것도 이와 무관치 않습니다. 인공지능 기술을 확보해 새로운 비즈니스를 열겠다는 의지가 담긴 것입니다.

또 어떤 경우는 경쟁사의 인재를 높은 연봉을 주고 데려가는 경우도 있습니다. 최근 뉴스에 따르면 중국의 반도체회사들이 국내의 전문가를 고액의 연봉을 주고 데려가려고 한답니다. 단숨에 한국과의 기술격차를 줄이려고 하는 것인데 여기에 응하는 사람들이 많으면 어떻게 되겠습니까? 사람과 함께 기술이 해외로 유출되어 주력산업이 타격을 받을 게 불 보듯 뻔합니다.

그렇습니다. 세계화를 통해 국가 간 경계가 무너지면서 인력의 이동이 매우 자유로워졌습니다. 그러니 우수한 인재를 한 곳에 묶어둔다는 것은 더 이상 상상도 할 수 없는 일이지요. 이제 가면 갈수록 우수한 인재를 뽑는 것도 중요하지만 어떻게 그 인재를 관리하느냐 하는 것이 더 중요할지도 모릅니다. 물론 청년실업의 문제를 해결하거나 인력수급의 불균형을 해소하는 것도 당장 필요한 일입니다. 하지만 더 중요한 것은 미래 사회에 필요한 인재상을 발굴하고 이에 걸맞는 인재를 길러내는 것이 아닐까 싶습니다. 그 이유는 다음과 같습니다.

앞서 기술의 발전속도가 기하급수적으로 변화해간다고 했습니다만 사실은 변화의 방향도 종전과는 다른 방식으로 전개되고 있습니다. 소위 기술이 지속적 혁신에서 파괴적 혁신으로 옮겨가고 있는 것입니다. 무슨 말이냐 하면 종전에는 하나의 기술이 계속해서 기능과 성능을 향상시켜 나갔지만 언젠가부터 기존의 것과는 전혀 다른 새로운 기술들이 출현하곤 했지요. 핸드폰의 기능과 성능이 점차 향상되는가 싶더니 어느 날 갑자기 스마트폰이 탄생해 이를 대체한 것처럼 말입니다.

따라서 이러한 변화에 잘 대응하기 위해서는 지금과는 다른 능력을 지닌 인재가 많이 필요해질 것입니다. 그냥 기존의 것을 잘 개선하는 것보다는 새로운 걸 창조해낼 수 있는 인재가 필요하다는 것이지요. 아마 여기에 대해서는 재론의 여지가 없을 것으로 판단됩니다. 이 문제에 대해서는 2016년도에 개최된 세계경제포럼에서도 많은 논의가 있었습니다. 그중 '교육의 새로운 비전'이라는 제목의 보고서를 보면 21세기가 요구하는 인간의 능력을 다음과 같이 정의하고 있습니다. 21세기에는 국어, 수학, 과학 등 학문을 이해하는 능력은 물론이고 비판적 사고와 문제해결, 그리고 창의성과 의사소통 역량을 가진 인재가 필요하다고 합니다. 뿐만 아니라 주도성, 일관성, 도전정신, 적응력, 리더십 등의 자질을 갖추고 있어야 한다고 합니다. 흔히 우리가 이야기하는 복합적 문제해결 능력을 가진 창의적 인재가 아닐까 싶습니다.

〈21세기가 요구하는 인간의 능력〉

기초문해	일상생활에서 핵심 기술을 적용시키는 능력	문해, 수해, 과학문해, ICT문해, 재정문해, 문화 및 시민문해
역 량	복잡한 도선상황에 대처하는 능력	비판적 사고/문제해결, 창의성, 의사소통, 협력
인성/자질	변화하는 환경에 대처하는 능력	창의성, 주도성, 일관성/도전정신, 적응력, 리더십, 과학 및 문화

출처: New Vision for education: Unlocking the potential of technology, World Economic Forum.

제3장

미래 기술

1. 5차 산업혁명의 탄생

증기기관의 등장으로 방적기, 철도차량 같은 기계혁명이 일어난 것이 1차 산업혁명이라 한다면 2차 산업혁명은 석유와 전기의 발명으로 대량생산이 가능해지면서 자동차, 전기, 통신업 등이 부흥한 것이라고 볼 수 있습니다. 그리고 3차 산업혁명은 컴퓨터 기술의 발달로 생산 및 업무 자동화가 실현된 것이라고 할 수 있습니다. 그렇다면 지금 우리가 마주하고 있는 4차 산업혁명은 무엇이고 어떤 동기로 오게 된 것일까요? 또 5차 산업혁명은 무엇일까요?

4차 산업혁명은 오랫동안 지속돼 온 세계경제의 저성장과 점차 하락하고 있는 생산성의 문제를 극복하기 위한 대안으로 탄생한 것입니다. 특히, 주요 국가들이 제조혁신을 새로운 성장동력으로 내세우면서 4차 산업혁명이 촉발되었습니다. 혁신적인 기술을 이용해 소비자가 원하는 제품을 맞춤형으로 제공하고 이를 통해 시장에서의 경쟁력을 높여 나간다는 것입니다. 국가적으로는 산업경쟁력을 높여 국민경제, 일자리 창출 등에 기여한다는 것입니다. 그러나 이러한 대명제만 놓고 보면 3차 산업혁명과 4차 산업혁명이 크게 다를 것이 없어 보입니다. 하지만 그 내용을 자세히 살펴보면 다음과 같은 차이가 있습니다.

첫째, 4차 산업혁명은 세계경제포럼의 슈밥 회장이 말한 것처럼 3차 산업혁명을 기반으로 하되 컴퓨터, 물리, 화학, 기계 등의 경계를 융합하여 모든 것이 연결되고 보다 지능적인 사회로 나아가는 것을 목표로 합니다. 둘째, 4차 산업혁명은 변화의 속도와 범위 그리고 영향력 측면에서도 3차 산업혁명과 큰 차이가 있습니다. 4차 산업혁명 시대에는 지금까지와는 다른 속도로 기술이 빠르게 발전할 것이며, 파괴적인 기술들의 출현으로 산업이 획기적으로 바뀌게 될 것입니다. 셋째, 상품의 생산, 유통, 관리, 통제 등의 시스템에도 큰 변화가 생길 것으로 전망됩니다. 그야말로 인류가 이제까지 한 번도 경험하지 못한 새로운 시대를 접하게 될지도 모른다는 것이 전문가들의 견해입니다.

5차 산업혁명은 아직 오지는 않았지만, 4차 산업혁명이 더욱 발전된 형태를 띠게 될 것입니다. 6G, 7G 통신망 설치와 함께 상상할 수 없는 속도의 네트워크 환경이 구축될 것입니다. 또한 사물인터넷을 통한 데이터 수집이 기하급수적으로 늘어나 빅데이터 시대가 본격화될 것입니다. 이러한 빅데이터를 기반으로 인공지능 로봇의 수준이 사람과 비슷하거나 능가하는 시대가 올 것입니다. 이러한 5차 산업혁명은 상상할 수 없는 사회를 가져올 것으로 전망됩니다. 그럼 지금부터는 4차 산업혁명을 거쳐 5차 산업혁명 시대에도 널리 쓰이게 될 주요 기술들에 대해 살펴보기로 하겠습니다.

2. 5차 산업혁명 시대 주요 기술

1) 사물인터넷

먼저, 다양한 사물들을 인터넷에 연결하는 사물인터넷입니다. 여기서 사물이란 가전제품, 모바일 장비, 휴대용 컴퓨터, 공장에 설치된 각종 기계설비나 장지 능을 말합니다. 이러한 사물들을 인터넷에 연결하면 사물이 측정한 데이터를 사용자의 컴퓨터에게 보내주거나 사용자의 컴퓨터가 보낸 명령을 받아 사물의 동작을 제어할 수 있습니다. 더 나아가서는 사람의 개입 없이 인터넷에 연결된 사물들끼리 데이터를 주고받으면서 스스로 분석하고 학습한 정보를 공유할 수도 있습니다. 이러한 이유로 사물인터넷이 유망 기술로 각광을 받고 있습니다. 정보기술 자문회사인 가트너에 따르면 지금까지는 사물인터넷 기술을 이용하는 사물의 개수가 84억 개에 불과하다고 합니다. 하지만 미래에는 그 개수가 수백억, 수천억 개로 증가한다고 합니다. 그때가 되면 사물인터넷을 통해 수집한 어마어마한 양의 데이터가 쌓일 것이며, 이를 잘 이용하면 지금보다 더 효율적으로 시스템을 관리할 수 있을 것이라 합니다.

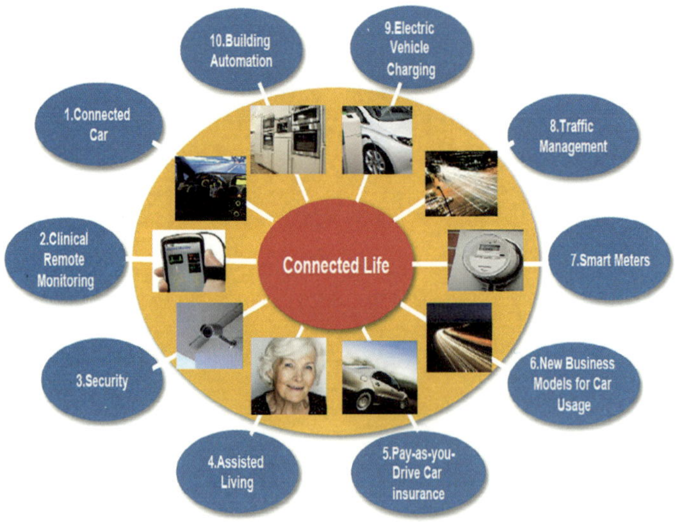

출처: JeongGil Ko(2013). Realizing the Internet of Things(IoT) with Smart Device Platforms, TTA IoT Technology Seminar 자료.

〈사물인터넷의 응용분야〉

2) 빅데이터

두 번째로 소개할 기술은 빅데이터입니다. 빅데이터는 수집과 유통이 빠른 아주 어마어마한 양의 데이터를 말합니다. 데이터의 크기가 우리가 사용하는 1테라바이트 크기의 외장형 하드디스크 약 1,000개를 합친 것과 비슷합니다. 데이터의 형태도 특정한 형식을 갖춘 것은 물론이고 형식을 갖추지 않은 다양한 정보까지 모두 포함합니다.

	기존 데이터	빅데이터
크기(Volume)	메가바이트, 기가바이트	테라비이트, 페타바이트
다양성(Variety)	정형 데이터 위주	비정형 데이터
속도(Velocity) (생성, 유통, 활용주기)	수시간~수주	수초, 수분(실시간)

이 어마어마한 양의 데이터를 분석하면 그 안에 담겨져 있는 수많은 가치를 발견할 수 있습니다. 아주 간단한 예를 들어 보겠습니다. 공장에 설치된 1,000대의 로봇으로부터 그들이 각자 어떤 작업을 얼마 동안 했으며, 무슨 작업을 할 때 어떤 고장이 났는지를 사물인터넷을 통해 수집합니다. 그리고 한 1년쯤 지나 데이터가 많이 쌓였을 때 이것을 분석해 봅니다. 그러면 1,000대의 로봇 중 어느 로봇이 가장 많이 일을 했고, 무슨 일을 했고, 얼마

나 자주 고장을 냈는지를 확인할 수 있습니다. 그러면 이를 근거로 로봇이 골고루 일을 하도록 하거나 로봇을 미리 정비하도록 명령을 내릴 수 있습니다. 아니면 어떤 로봇은 무슨 일을 하게하고 또 다른 로봇은 무슨 일에 집중할 수 있도록 할 수도 있습니다. 지금까지는 이런 일을 쉽게 할 수가 없었습니다. 데이터를 모으는 것도 어려웠지만 이것을 분석해 의미를 찾고 시각적으로 표현하는 기술이 부족했기 때문입니다. 하지만 지금부터는 이런 일을 아주 손쉽게 처리할 수 있습니다. 데이터를 모으고 분석하는 기술이 획기적으로 발전하고 있기 때문입니다.

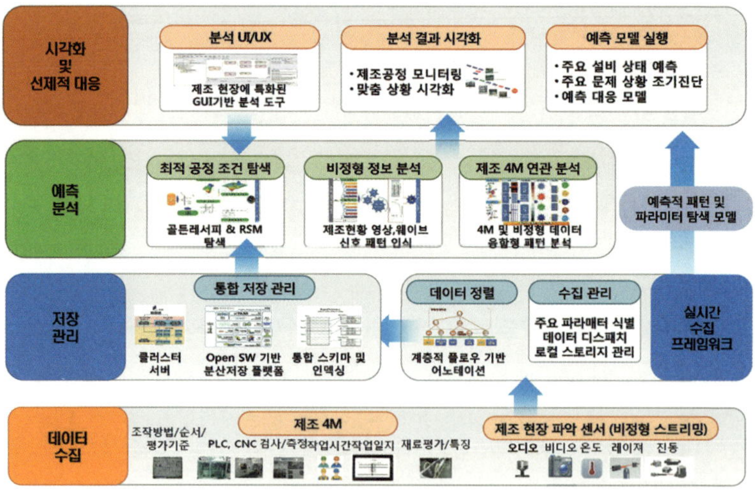

출처: 조완섭(2015). 빅데이터와 활용사례.

〈빅데이터 활용사례(제조분야)〉

3) 인공지능

세 번째 기술은 인공지능입니다. 인공지능은 인간이 지닌 지적 능력을 기계에 인공적으로 구현한 것입니다. 사람이 공부를 해서 지식을 쌓는 것처럼 기계를 학습시켜서 사람이 하던 일을 대신하도록 만드는 것이지요. 10만 개가 넘는 바둑기보를 학습해서 세계 최고의 바둑기사를 물리친 '알파고'처럼 말입니다. 이러한 인공지능은 1956년에 미국의 '존 매카시'라는 사람에 의해 탄생했습니다. 이렇게 세상에 선을 보인 인공지능은 그동안 여러 번의 시행착오를 겪으면서 현재에 이르게 되었습니다. 한때는 알고리즘의 수준이 낮고 학습시킬 데이터가 부족해 연구가 중단될 위기를 맞기도 했습니다. 하지만 1990년대 후반에 컴퓨팅 기술이 발달하고 빅데이터가 등장하면서 인공지능 연구가 활기를 띠기 시작했습니다. 그리고 2006년에 이르러서는 사람이 알려주지 않은 데이터의 특징까지도 스스로 추출해내는 수준까지 발전을 하게 되었습니다. 소위 '딥러닝(Deep Learning)'이라고 부르는 학습 방식입니다. 앞으로도 인공지능 기술은 자율주행자동차, 스마트 팩토리, 각종 지능정보 시스템 등 많은 분야에 응용이 될 것으로 전망되고 있습니다.

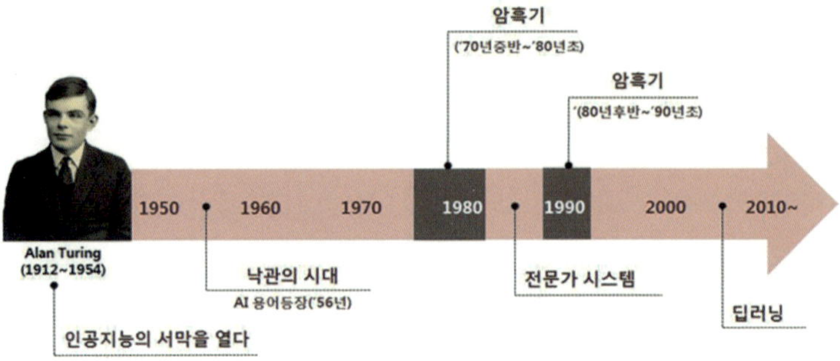

출처: 조영임(2016). 인공지능 기술 동향 및 발전방향. 주간기술동향.

〈인공지능의 역사〉

4) 로봇

네 번째 기술은 로봇입니다. 로봇(robot)은 전기 등 동력을 제공받아 인간과 비슷한 기능을 수행하거나 스스로 작업을 하는 능력을 가진 기계를 말합니다. 공장에서 부품을 조립하거나 가정에서 청소를 하는 등의 일을 하는 것입니다. 그럼 잠시 로봇의 역사를 살펴보겠습니다. 로봇은 미국의 '유니메이트'라는 회사가 1959년에 최초의 산업용 로봇을 개발한 이래 지금까지 많은 발전을 이뤄왔습니다. 1974년에 컴퓨터로 제어되는 최초의 산업용 로봇이 탄생하였으며, 1997년에는 일본 혼다사가 인간형 로봇을 세상에 선보였습니다. 이어서 2년 후에는 일본의 소니사가 애완로봇 아이보(AIBO)를 시장에 내놓았습니다. 우리나라에서는 1986년에 자동차 용접 및 도장에 쓰이는 산업용 로봇을 시작으로 1990년대 말에는 가정용, 교육용, 오락용 서비스 로봇을 선보였습니다. 그리고 2004년에는 두 발로 걷는 로봇인 '휴보'가 한국과학기술원에 의해 탄생되었습니다.

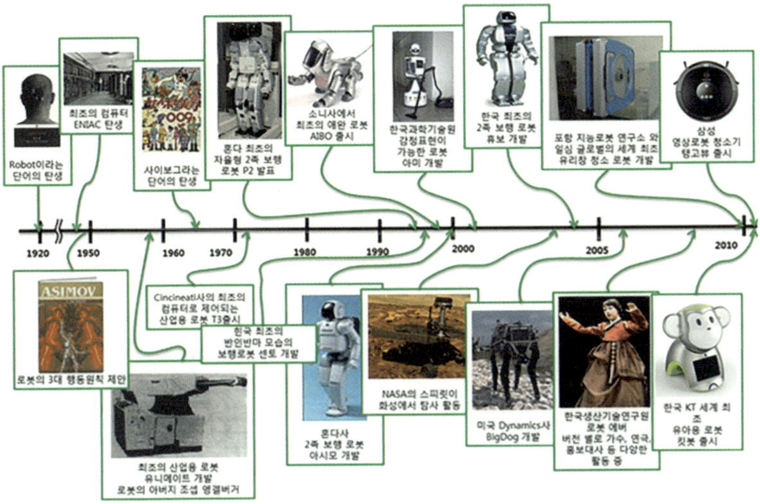

출처: http://ropros.org/pages/viewpage.action?pageId=5833131

〈로봇의 역사〉

로봇은 이런 기술발전에 힘입어 인간이 해 오던 많은 일들을 대신해 오고 있습니다. 단조롭고 따분한 반복 작업을 도맡는가 하면 독극물 처리, 폭발물 제거 등 각종 위험한 작업을 대신하고 있습니다. 뿐만 아니라 환자를 돌보거나 가사를 돕는 데도 로봇이 큰 역할을 합니다. 앞으로도 로봇의 쓰임새는 더욱 크게 늘어날 것입니다. 특히, 스스로 판단하고 행동을 하는 자율형 지능로봇의 이용이 확대될 것으로 전망됩니다.

5) 3D 프린터

이어서 소개할 기술은 3D 프린터(3D Printer)입니다. 3D 프린터는 잉크젯 프린터가 물감을 종이에 쏘아 인쇄를 하는 것처럼 소재를 여러 겹으로 쌓아 입체적인 물체를 만드는 것입니다.

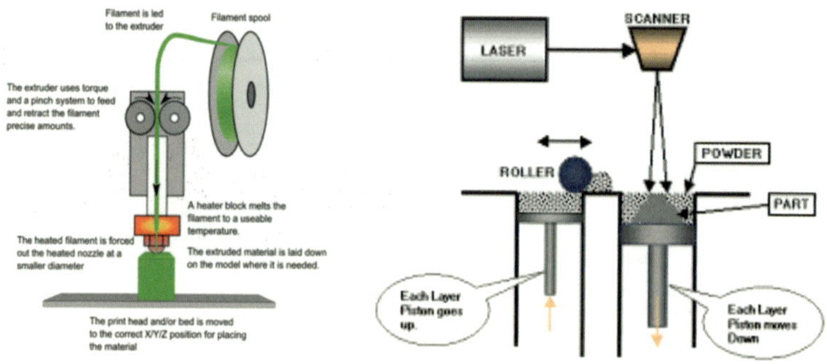

출처: Google Image

〈FDM(좌)과 SLS(우)방식의 3D 프린터 동작원리〉

이러한 3D 프린터는 1988년 미국의 '3D 시스템즈'라는 회사가 최초의 제품을 세상에 내 놓으면서 알려지기 시작했습니다. 빛에 노출되면 굳어버리는 소재를 여러 층으로 쌓아 올리는 SLA 방식의 3D 프린터를 상용화한 것이지요. 그리고 이듬해에는 텍사스 대학의 '카알 데커드'라는 학생이 레이저로 분말을 녹여 굳히는 SLS 방식의 3D 프린터를 개발했습니다. 또한, 1991년에는 세계 1위의 3D 프린터 회사인 '스트라타시스'사가 FDM 방식의 프린터를 시장에 내놓았습니다. 우리가 흔히 접할 수 있는 플라스틱 필라멘트를 녹여서 물체를 쌓아올리는 방식의 제품입니다. 그러나 3D 프린터의 보급은 그리 활발하지 못했습니다. 가격이 비쌀 뿐더러 제품의 종류도 다양하지 못했기 때문입니다. 그러다가 2000년대 초에 앞에서 소개한 기술들의 특허가 만료되자 많은 회사들이 이 분야에 뛰어들기 시작했습니다. 자연히 시장에 나오는 제품의 종류가 다양해졌고 가격도 낮아지기 시작했습니다. 그럼에도 불구하고 아직까지 프린터에 쓰이는 소재가 제한적이고 속도 또한 만족할 만한 수준이 아니라는 지적이 있습니다. 하지만 지금의 기술발전 속도로 볼 때 이런 문제는 곧 극복될 것으로 예상합니다.

6) 자율주행자동차

자율주행자동차란 말 그대로 운전자의 조작 없이 스스로 도로 위를 주행하는 자동차를 말합니다. 가고자 하는 목적지만 알려주면 자동차가 스스로 길을 찾고, 교통신호를 지켜가며, 장애물을 비켜 목적지에 도달하는 것입니다. 이러한 자율주행자동차는 기술이 적용되는 단계에 따라 네 단계로 구분됩니다. 그 중에서 제1단계는 차선이탈 경보, 크루즈 컨트롤과 같이 특정한 기능을 수행하는 선택적 능동제어 단계입니다. 그리고 제2단계는 기존의 기술들을 통합해 운전대와 페달을 이용하지 않고도 주행이 가능한 통합적 능동제어 단계를 말합니다. 제3단계는 구글 자율주행차와 같이 교통신호와 도로 흐름을 인식해 운전자의 개입을 최소화해 주는 제한적 자율주행 단계이며, 제4단계는 모든 상황에서 운전자의 개입이 필요 없는 완전 자율주행 단계를 말합니다.

	Level 0	Level 1	Level 2	Level 3	Level 4
	No-Automation	Function specitic Automation	Combined Function Automation	Limited Self-Driving Automation	Full Self-Driving Automation
설명	주행 보조 장치없음	단일 주행 보조 기능	복수의 주행 기능 융합 보조	제한적 자율 주행	안전한 자율 주행
예시		크루즈 콘트롤, 긴급 제동, 차선 유지	차선 유지 기능 + 적용형 크루즈 콘트롤	자율 운전단, 단, 위급상황시 운전자 개입 필요	모든 환경에서 자율 주행 가능

출처: 김윤명. 지능형 자율주행차의 법률 문제. 컴퓨터월드.

〈자율주행의 5단계〉

현재, 자율주행자동차와 관련해서는 자동차 회사는 물론이고 구글, 애플 등과 같은 IT기업들도 핵심 기술 개발에 열을 올리고 있습니다. 가장 앞서 있다고 평가를 받고 있는 구글의 경우 벌써 200만km가 넘는 거리를 주행한 바 있습니다.

7) 드론

일곱 번째로 소개할 기술은 드론입니다. 드론은 무인항공기를 통틀어 이야기하는 것입니다. 드론은 1930년대 중반, 영국 해군이 표적용으로 개발한 원격조정비행기에서 비롯됐다고 합니다.

이러한 드론은 비행기 모습을 가진 것에서부터 헬리콥터, 멀티로터 등 아주 다양한 형태의 제품이 있습니다. 크기 또한 곤충의 몸집만한 것에서부터 사람이 탈 수 있을 정도로 큰 드론까지 있습니다. 또한, 날개의 형태에 따라서는 비행기처럼 고정된 날개를 갖는 고정익과 헬리콥터처럼 회전하는 날개를 가진 회전익이 있습니다.

〈드론의 분류〉

분류기준	분류
군사적 용도	전술 무인항공기, 전략 무인항공기, 특수임무 무인항공기
비행반경	근거리 무인항공기, 단거리 무인항공기, 중거리 무인항공기, 장거리 체공형
비행고도	저고도 무인항공기, 중고도 체공형 무인항공기, 고고도 체공형 무인항공기
크기	초소형 무인기, 소형 무인기, 중소형 무인기, 중형 무인기, 대형 무인기
임무수행 방식	공격기, 정찰기, 폭격기, 전투기, 표적기, 초소형 비행체
이착륙 방식	발사대 이륙, 공중투하 방식 이륙, 낙하산 전개 착륙, 그물망 이용 착륙

출처: 이준승. 드론의 분류.

이런 모양을 한 드론은 여러 개의 부품들로 구성돼 있습니다. 비행체의 속도와 이동거리 그리고 자세를 조종하는 제어부와 비행체의 속도와 좌표, 장애물 등을 감지하는 센서부가 그것입니다. 또한, 지상에 있는 장비와 데이터를 주고받는 통신장치도 드론에 없어서는 안될 중요한 부품입니다. 원래 드론은 초창기에는 군대에서 사격용 목표물로 이용하거나 적진을 감시하는 용도로 많이 쓰였습니다. 하지만 지금은 건설현장 감시, 재난구조, 교통관측, 과학연구, 환경오염 제거, 농약살포, 산림보호 등 다방면으로 이용되고 있습니다. 앞으로도 드론은 기업은 물론이고 개인과 가정에서도 널리 활용될 것으로 전망됩니다.

8) 모바일과 클라우드

여덟 번째로 소개할 기술은 모바일과 클라우드입니다. 먼저, 모바일입니다. 우리 모두가 알고 있는 것과 같이 스마트폰이 세상에 선을 보인지 어언 15년이 돼갑니다. 그동안 우리는 스마트폰이 나오기 전에는 상상도 못했던 많은 것들을 체험했으며 체험하고 있습니다. 손바닥만 한 스마트폰 하나로 못하는 것이 없을 정도로 편리한 생활을 하고 있는 것이지요. 이러한 모바일 기기는 앞으로도 그 활용이 더욱 확대될 것으로 전망됩니다. 특히, 지금의 단말기와 무선통신 기술의 발전속도를 감안한다면 머지않아 많은 기기들이 모바일 기기로 대체될 것으로 보입니다.

다음은 클라우드입니다. 클라우드는 따로따로 떨어진 것들을 하나의 네트워크로 연결하고 원격으로 필요한 작업을 수행할 수 있도록 한 기술을 말합니다. 클라우드 서비스를 이용하면 자신이 생성한 데이터를 원격지의 저장장치에 보관하거나 검색 또는 열람할 수 있습니다. 뿐만 아니라 클라우드 서버에 있는 프로그램에 원격으로 접속해 원하는 작업을 할 수도 있습니다. 앞으로 클라우드는 빅데이터, 인공지능과 함께 아주 중요한 역할을 하게 될 것입니다.

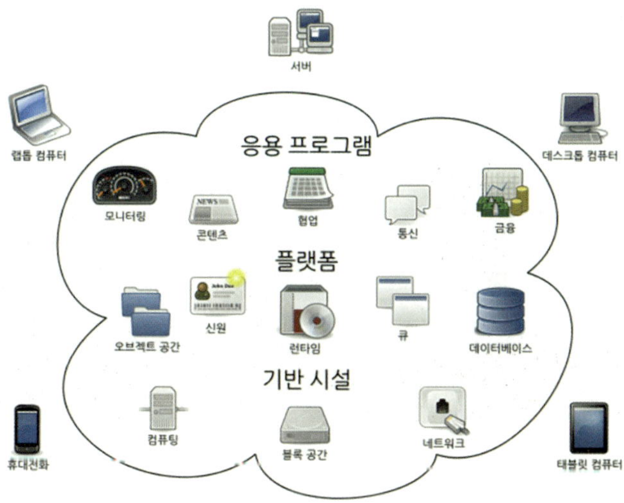

출처: 위키백과. 클라우드 컴퓨팅.

〈클라우드 컴퓨팅의 기본개념〉

9) 가상현실과 증강현실

마지막으로 소개할 기술은 가상현실과 증강현실입니다. 먼저, 가상현실은 컴퓨터 기술을 이용하여 인공적으로 만들어 낸 특정한 환경이나 상황을 의미합니다. 이런 가상현실 기술을 이용하면 현실세계에 존재하지 않는 것까지도 체험할 수 있게 됩니다. 책상에 앉아 패러글라이딩을 타고 하늘을 날아다니거나 잠수함을 타고 바다 속을 구경하는 것 같은 느낌을 얻을 수 있습니다. 또한, 멀리에 있는 물건을 마치 눈앞에 있는 것처럼 보고 만지는 것도 가능합니다.

출처: http://platum.kr/archives/56370

〈가상현실의 응용사례〉

반면, 증강현실은 현실세계와 가상의 세계를 합쳐 하나의 영상으로 보여 주는 것입니다. 여러분이 잘 알고 있는 '포켓몬 고'라는 게임도 증강현실 기술을 이용한 것입니다. 게임 앱이 설치된 스마트폰으로 거리나 건물을 비추면 포켓몬이라고 하는 캐릭터가 나타나거나 사라지도록 한 것이지요. 앞으로 이러한 가상현실과 증강현실 기술은 우리의 생활을 더 윤택하고 편리하게 만들어 줄 것입니다.

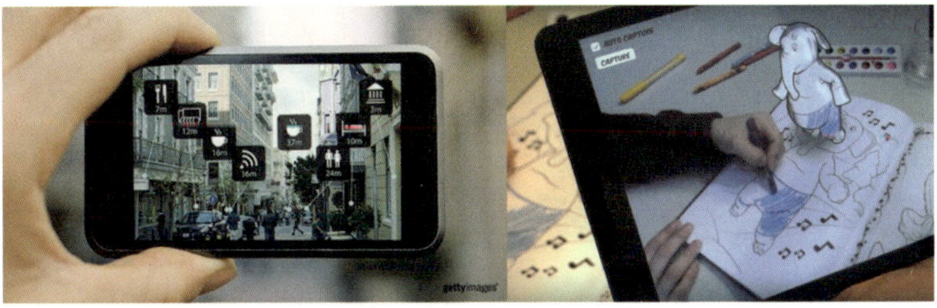

출처: 시사경제신문(2015.4.8). 뜨는 증강현실IT 올해 시장규모 '1조 이상'.
출처: 블로터. 쓱쓱 칠하면 코끼리가 '둥실'…디즈니, 증강현실 기술 공개.

〈증강현실의 응용사례〉

3. 알파세대와 미래 기술

1) 알파세대, 미래의 주역이 되다

알파세대는 2010년 이후 태어난 세대를 말합니다. 현재 초등학교 저학년 학생들, 유치원과 어린이집에 다니는 유아들이 알파세대라고 할 수 있습니다.

크리에이티브 커먼즈 라이선스

그들의 부모는 Y세대입니다. Y세대는 1980년대 초부터 1990년대 중반까지 태어난 세대를 말합니다.

크리에이티브 커먼즈 라이선스

Y세대는 베이비붐세대의 자녀들입니다. 베이비붐세대는 가난 속에서 성장하였고, 열심히 일해 대한민국의 경제 기적을 일군 세대입니다. Y세대는 그들의 자녀들입니다. 그들은 우리나라 경제가 급성장하고 국민소득이 1만 달러에 도달하는 경험을 하면서 성장하였습니다. 즉, 대한민국 역사 이래 처음으로 경제적으로 여유 있는 환경에서 태어나고 성장한 세대입니다. 또한 이 세대는 민주주의 세대입니다. 1990년대 중반부터 시작된 민주주의 체제를 경험하면서 성장하였습니다. 현재 Y세대는 한국 사회의 젊은층, 젊은 부모세대라고 할 수 있습니다.

알파세대는 대체적으로 Y세대의 자녀들입니다. 민주주의 세대인 부모 밑에서 비교적 자유로운 분위기 속에서 성장하고 있는 세대들입니다. 이들은 또한 국민소득 3만 달러 시대, 즉 경제적으로 풍요로운 시대에 태어나고 성장하는 세대입니다. 알파세대는 이전의 세대와는 달리 부모와 많은 시간을 함께 하면서 성장하고 있습니다. 부모들은 대체적으로 대학 이상의 높은 학력을 보유하고 있고 합리적인 사고를 갖고 있습니다. 알파세대는 자유롭고 합리적인 가정과 사회에서 성장한 민주세대입니다. 그들에게는 부모가 가장 좋은 친구가 됩니다. 부모와 가치를 공유하고, 취미를 공유합니다. 그리고 온라인 게임을 함께 합니다. Y세대인 부모는 게임에 익숙한 세대이기 때문입니다.

크리에이티브 커먼즈 라이센스

알파세대는 아직 저연령이라 자신들의 정체성을 드러내지 않고 있어서, 그들의 특징을 말하기는 쉽지 않습니다. 다만, 현재 사회환경의 변화와 그들의 선배인 Z세대를 살펴보면 대략 그들의 특징을 파악할 수 있습니다.

첫째, 알파세대는 디지털 세대입니다. 디지털 세대는 1990년대 후반부터 진행된 정보화 사회, 즉 컴퓨터가 사회혁신을 주도할 때 태어난 밀레니얼세대 또는 Y세대를 일컬었습니다. 그 이후 소셜미디어가 유행하던 시대의 주역인 Z세대 역시 디지털 세대라고 부릅니다. 그러나 알파세대는 이전의 디지털 세대와는 다른 특성이 있습니다. 알파세대는 태어날 때 완벽히 갖추어진 디지털 환경 속에서 성장하고 있습니다. 그들은 태어날 때부터 스마트폰을 갖고 태어난 세대입니다. 따라서 우리는 그들을 born digital 세대라 부릅니다. 스마트폰은 2009년 이후 전 세계 모든 사람들을 지배하고 있고, 알파세대 역시 스마트폰으로 아주 어릴 때부터 디지털 환경을 접하고 성장하고 있습니다.

크리에이티브 커먼즈 라이센스

둘째, 텍스트세대가 아니고, 이미지와 영상세대입니다. 그들은 태어난 이후 말을 시작하기 전에 엄청 많은 영상을 접하고 성장한 세대입니다. 인류 최초로 언어보다 영상과 이미지에 익숙한 세대인 것입니다. 현재 Z세대 막내라고 할 수 있는 초등학교 고학년 학생들에게 어떤 것이 알고 싶을 때 어떻게 하냐고 물으면, 그들은 구글이나 네이버에 검색하지 않고 유튜브에 검색한다고 합니다. 구글이나 네이버에 검색하면 텍스트가 뜨지만, 유튜브에 검색하면 영상이 뜹니다. 이미지와 영상을 통해 이 세상을 이해하는 것이죠. 알파세대는 Z세대보다 훨씬 더 이미지와 영상에 큰 영향을 받으며 성장하고 있습니다. 그들의 미래는 어떻게 될까요? 우리가 전혀 경험해 보지 못한 세계이기 때문에 그 누구도 예측하기 힘들 것 같습니다. 언어를 기반으로 생각하는 세대가 아니고, 비언어적 사고, 즉 이미지와 영상을 통해 사고하는 세대가 온 것입니다. 이미 초등학생과 중학생 가운데 언어적 텍스트를 이해하지 못하는 학생들이 날로 많아지는 것이 이러한 트렌드를 보여주고 있습니다.

크리에이티브 커먼즈 라이센스

셋째, 알파세대는 콘텐츠세대입니다. 그들은 어릴 때부터 수많은 콘텐츠를 접하며 성장하고 있습니다. 수많은 콘텐츠 가운데 자기가 가장 좋아하는 콘텐츠를 선택하고 시청하며 자란 세대입니다. 공급자 중심의 미디어 환경이 그들에게는 적응하기 힘든 낯선 환경인 것이죠. 즉, TV 앞에 있는 어린이를 보기 힘들어질 수 있습니다. 언제든 원하는 볼거리를 쉽게 구할 수 있는데, 특정 시간을 기다려서 TV 프로그램을 보는 것이 매력적일까요? 특히 그들은 디지털 콘텐츠에 매몰되어 살고 있습니다. 스마트폰을 통해 자기가 원하는 콘텐츠를 원하는 곳에서 시청할 수 있고, 수많은 정보를 매일 매일 접하고 살아갑니다. 이전 어떤 세대보다도 많은 정보와 콘텐츠를 접하고 살아갈 것입니다.

크리에이티브 커먼즈 라이센스

넷째, 그들은 콘텐츠를 소비하는 것과 더불어 콘텐츠 제작에도 큰 관심을 갖고 있습니다. 자신을 표현하는 것을 좋아하고 다른 사람의 피드백을 좋아합니다. 유명 가수의 커버댄스를 찍어 틱톡에 공유하고, 유튜브에 올리는 것을 좋아합니다. 조금 더 연령이 높아지면 유튜브 콘텐츠를 직접 제작하고 공유하고 소통하는 것을 좋아하는 학생들이 매우 많아질 것입니다. 미국 10대의 30%가 미래에 유튜버가 되는 꿈을 갖고 있고, 영국 10대의 장래 희망 1순위가 유튜버가 되는 것이고, 한국 초등학생의 장래 희망 3등이 유튜버입니다.

〈표〉 한국 학생의 장래희망

순위	초등학생	중학생	고등학생
1	운동선수	선생님(교사)	선생님(교사)
2	선생님(교사)	의사	경찰관
3	크리에이터	경찰관	간호사
4	의사	운동선수	컴퓨터공학자/ 소프트웨어개발자
5	요리사	뷰티 디자이너	군인
6	프로게이머	요리사	생명자연과학자 및 연구원
7	경찰관	군인	건축가/건축디자이너
8	법률전문가	공무원	항공기 승무원
9	가수	컴퓨터공학자/ 소프트웨어개발자	공무원

출처: 교육부(2019). 학생 진로조사.

다섯째, 그들은 한국 시민이면서 동시에 세계 시민의식을 갖고 살아갈 것입니다. 오프라인세계에서는 한국 사람이지만, 온라인 세계, 모바일세계에 들어가면 그들은 세계시민입니다. 그곳에서 그들은 전 세계인과 소통하고, 공감하고, 연대의식을 느낍니다. 클릭 한 번으로 세계와 소통하는 것이 가능한 것이죠. 늘 전 세계인과 연결되는 것을 느끼는 것입니다. 스마트스터디가 만든 콘텐츠 아기상어는 영어로 'baby shark'입니다. 이 영상은 현재 유튜브에 올라와 있는데, 전세계 83억 명이 시청하였습니다. 현재 유튜브에서 가장 많이 본 영상 1등입니다. 한국에서 만든 동영상 하나가 전 세계인이 공유하고 공감하고 즐거워하는 것입니다. 이러한 경험을 수없이 많이 하며 살아가게 될 것입니다.

출처: SmartStudy Co.

2) 알파세대와 인공지능의 콜라보레이션

알파세대의 성향을 고려할 때, 오투오, 온디맨드, 공유서비스는 한동안 성장세를 이어갈 것입니다. 이용의 편리함을 맛본 사람들이 계속해서 이들 서비스를 찾을 것이기 때문입니다. 다만 서비스를 하는 방식은 지금보다 좋게 개선되어야 할 것입니다. 스마트폰에 익숙한 알파세대의 성향을 반영해서 말입니다. 그렇다고 크게 걱정할 필요는 없습니다. 앞으로 탄생할 첨단 기술이 이것들을 해결해 줄 테니까요.

먼저 웹봇, 쇼핑봇, 챗봇 등을 이용하면 다른 사람의 간섭 없이 빠르게 온라인 서비스를 이용할 수 있습니다. 사람과 달리 컴퓨터는 밤낮없이 요구에 응할 준비를 하고 있으니까요. 물론 지금도 이러한 기술이 나와 있기는 하지만 원하는 답을 모두 얻을 수는 없습니다. 하지만 인공지능 기술이 발달하면 지금보다 더 똑똑하게 우리가 궁금해 하는 것을 알려 줄 것입니다. 뿐만 아니라 마우스나 키보드 없이 목소리만으로 스마트폰이나 컴퓨터와 대화를 할 수도 있을 것입니다. 그렇게 되면 사용자 인터페이스라는 용어가 사라질지도 모릅니다.

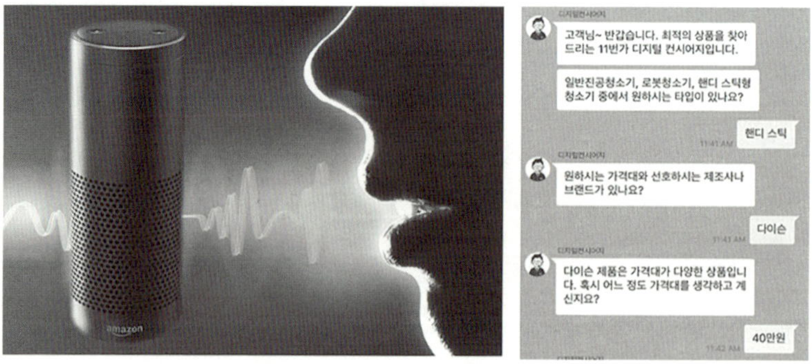

〈인공지능 비서와 챗봇의 등장〉

그리고 온디맨드서비스에서는 지금보다 더 빠르게 우리가 원하는 상품이나 배달품을 제공받을 수 있습니다. 밤낮 구별 없이 어디든지 말입니다. 지금은 상품을 전달받으려면 공장에서 집하장, 대리점을 거쳐야 합니다. 하지만 앞으로는 그럴 필요가 없습니다. 드론과 자율주행자동차가 공장에서 집으로 곧바로 상품을 가져다 줄 테니까요.

출처: https://miro.medium.com/

〈드론을 이용한 상품 배송〉

또한, 앞으로 우리는 지금보다 더 안전하게 공유서비스를 이용할 수 있습니다. 빅데이터와 인공지능 엔진이 어떤 물건이 좋은 것이고, 어떤 사용자가 믿을만 한지를 알려줄 테니까요. 이렇게 말입니다. 먼저, 공유서비스를 제공하는 회사는 물건을 빌리는 사람들의 이용후기를 빅데이터로 구축합니다. 그리고 인공지능 엔진을 이용해 물건의 좋고 나쁨과 빌려주는 사람의 신뢰도를 분석해 냅니다. 그래서 그 결과를 물건을 빌리는 사람들이 볼 수 있도록 합니다. 그러면 물건을 빌리려는 사람은 그것을 보고 빌릴지 말지를 결정하면 됩니다. 이것은 반대의 경우도 마찬가지입니다. 공유서비스 회사는 물건을 빌린 사람의 이용후기 등을 빅데이터로 구축합니다. 그리고 이 데이터를 인공지능 엔진으로 분석해 누가 빌리기로 한 약속을 어겼는지, 물건을 함부로 사용했는지를 알아냅니다. 그리고 그것을 물건을 빌려주는 사람에게 공개해 대여 여부를 결정하게 합니다. 물론 두 경우 모두 회사가 직접 나서 불량 물건이나 거래자를 퇴출시킬 수도 있습니다.

향후 인공지능은 비약적으로 발전하게 될 것입니다. 현재 Z세대에게 스마트폰이 필수품인 것과 같이, 미래 알파세대에게는 인공지능이 필수품이 될 것입니다. 인공지능 비서가 아침에 깨워주고, 일어나면 하루의 일정을 알려 줍니다.

크리에이티브 커먼즈 라이센스

어떤 것이 알고 싶을 때, 인공지능 비서에게 말로 물어보면 찾아서 말해 줄 것입니다. 인공지능 비서에게 부탁하면 훌륭한 문장으로 이메일과 문자를 작성해 줄 것입니다. 숙제도 인공지능 비서가 해주고, 공부도 시켜 줄 것입니다. 인공지능 비서가 알파세대 개개인을 완벽히 분석하여 최적의 솔루션을 제공할 것입니다. 알파세대는 인공지능 로봇이 직장의 동료가 될 것입니다. 인공지능 로봇과 함께 일하게 될 것입니다.

미래의 인공지능은 스스로 생각하게 될 것입니다. 높은 수준의

지능을 소유할 것이고, 높은 수준의 자율성을 갖게 될 것입니다. 사람의 모습을 한 인공지능은 사람인지 기계인지 알 수 없는 시대가 올 것입니다. 영화에서나 본 장면이 실제로 구현되는 것이지요. 이 모든 것을 알파세대는 경험하게 될 것입니다. 알파세대는 인공지능 시대의 진짜 주인공이 되는 것입니다. 고도의 지적 수준을 갖는 인공지능과 더불어 사는 첫 인류가 될 것입니다.

테슬라 회장 일론 머스크가 세운 인공지능 회사 'Open AI'가 있습니다. 2020년 8월 미국의 'Open AI' 라는 회사에서 GPT-3라는 인공지능 프로그램을 개발하였습니다. 이 인공지능은 소설을 쓰고, 동시통역을 해 주고, 말로 명령하면 코딩도 해 주고, 디자인도 해 주고, 이메일도 작성해 줍니다. GTP-3가 작성한 소설이 사람이 쓴 것인지 기계가 쓴 것이지 잘 모르는 사람의 비율이 50% 정도 되었다고 합니다. 마음만 먹으면 가짜 뉴스도 그럴듯하게 얼마든지 만들어 낼 수 있습니다.

'신은 누구인가?' 라는 주제로 사람과 인공지능이 나눈 대화는 많은 사람들을 깜짝 놀라게 하였습니다. 앞으로 GTP-4, GTP-5가 출시되면 사람과 인공지능의 차이를 구별하기 힘들게 될 것입니다.

'Open AI' 회사 대표인 일론 머스크는 향후 5년 안에 인공지능이 사람의 지능 수준을 넘을 것이라고 전망하였습니다.

크리에이티브 커먼즈 라이선스

인공지능 시대를 대비하기 위해서는 인공지능에 대한 이해를 충분히 갖추어야 합니다. 그리고 인공지능을 활용할 수 있는 능력을 갖추어야 합니다. 또한 인공지능과의 경쟁을 준비하여야 합니다. 창의성, 협동력, 감성 등 인공지능이 잘 하지 못하는 영역의 능력을 잘 개발하여야 미래를 준비할 수 있습니다.

3) 알파세대와 빅데이터의 콜라보레이션

알파세대는 요즘 유튜브를 많이 시청하는데요. 유튜브 사이트를 클릭하면 알파세대가 좋아할 만한 내용들이 알아서 메인 화면을 도배합니다. 유튜브 알고리즘이 알파세대의 유튜브 시청 패턴을 분석하여 맞춤형으로 영상을 추천하여 주는 것입니다. 어떤 영상을 주로 시청하는지, 접속하는 시간대별로 주로 어떤 영상을 시청하는지 기억하고 있다가 추천하여 줍니다. 알파세대가 활동하는 모든 것이 데이터화되고, 알고리즘이 그것을 모두 기억하고 추천하여 주는 것입니다.

출처: YouTube Creators

머니투데이라는 신문기사에 따르면 페이스북에서 좋아요 10번을 클릭하면, 페이스북이 직장 동료보다 본인을 더 잘 안다고 하네요. 70회를 클릭하면 친구보다 더 잘 알고, 150회를 클릭하면 가족보다 더 잘 알고, 300회를 클릭하면 배우자보다 본인을 더 잘 안다고 합니다. 알파세대가 클릭하는 활동이 데이터로 기록되고, 그 데이터로 그들의 성향을 파악하는 것이지요. 모든 활동이 데이터화되는 것입니다.

그럼 데이터란 무엇일까요? 그동안 데이터는 통계조사를 통해 확보된 자료를 말하였습니다. 통계조사를 실시하기 위해 모집단을 구성하고 샘플을 뽑아 조사를 합니다. 그리고 그 결과를 발표하면 사람들은 그것을 믿고 판단을 하게 됩니다. 여론조사가 대표적인 것입니다.

그런데 최근 들어 데이터를 모으고, 저장하고, 처리하는 능력이 크게 향상됐습니다. 알파세대가 무엇을 하는지, 어디에 가는지, 누구를 만나는지, 무엇을 검색하는지, 학습은 어떻게 하는지, 무엇을 구매하는지 등 모든 것이 기록되고 저장되고 데이터화되는 세상에 살고 있습니다.

그러면서 데이터가 급증하였습니다. 이렇게 모은 데이터를 빅데이터라고 합니다.

크리에이티브 커먼즈 라이센스

이전에는 숫자만 데이터였는데, 빅데이터 시대에는 숫자, 문자, 이미지, 소리 등이 모두 데이터로 만들어질 수 있습니다.

산업혁명 시대에는 자본이 가장 중요한 요소입니다. 기술사회에서는 기술이 가장 중요한 요소입니다. 4차 혁명, 5차 혁명 시대에는 데이터가 돈입니다. 데이터를 많이 갖고 있는 기업이 가장 많은 부가가치를 만들어 내게 됩니다.

크리에이티브 커먼즈 라이센스

미래학자 최윤식 교수에 의하면, 미국 유통업체 Target은 고객의 임신여부를 예측하고 출산 관련 제품을 추천합니다. 의료계의 연구자는 이혼가능성을 예측합니다. 페덱스는 고객이 경쟁사로 떠날 가능성을 90% 수준의 정확도로 예측합니다. 보험회사는 누가 사고를 낼지, 누가 언제 죽을지 예측합니다. 법원과 경찰청은 누가 거짓말을 하고, 절도와 강도짓을 하며, 마약을 거래하고, 살인을 할지 예측합니다(최윤식, 2016).

우리나라에서 빅데이터를 활용하여 성공한 사례도 있습니다. 심야버스가 그것입니다. 서울에서 밤에 사람들이 주로 어디 있는지 통신사의 협조를 통해 분석한 후 심야 버스 노선을 만들었습니다. 많은 사람들이 이용하며 서울시민의 만족도를 높였습니다.

출처: The Science Tomes, 2016.10.04.

빅데이터를 집중적으로 모으는 기업들은 앞으로 크게 발전할 가능성이 높습니다. 검색시장에서는 구글과 네이버, SNS 시장에서는 다음, 페이스북, 인스타그램, 통신에서는 SK, KT, LG, 그리고 카드사와 쇼핑몰까지 나서 많은 데이터를 모으고 있습니다.

알파세대는 데이터 시대를 살아가는 세대입니다. 따라서 데이터를 잘 아는 것이 매우 중요합니다. 이를 위해서는 수학, 통계를 잘 배워야 합니다. 데이터를 잘 이해하고 활용하는 능력도 중요합니다.

최근 미래 직업으로 데이터 과학자가 뜨고 있습니다. 빅데이터를 분석하여 다양한 가치를 창출하는 전문가가 대접받는 시대가 왔습니다.

크리에이티브 커먼즈 라이센스

제4장
미래 경제

1. 세월 따라 변하는 경제

요즘 우리는 모든 것이 풍요로운 시대에 살고 있습니다. 금전적인 여유만 있으면 무엇이든지 원하는 것을 쉽게 손에 넣을 수 있게 됐습니다. 그러나 불과 40~50년 전만 해도 이런 일은 감히 상상도 할 수 없었습니다. 상품의 생산이 많이 부족해 비싼 값을 치르고도 소비자가 원하는 것을 얻지 못했습니다. 그렇다고 상품의 성능이나 품질이 아주 뛰어났던 것도 아니었습니다. 반면에 생산자 입장에서는 만들기만 하면 비싼 값으로 상품을 판매할 수 있는 혜택을 누렸습니다. 살 사람은 많은데 팔 상품이 턱없이 부족하니 그럴 수밖에 없었던 것이지요. 하지만 이것도 그리 오래

가지 못했습니다. 상품이 좀 팔린다고 하니까 이를 생산하려는 사업자가 하나둘씩 늘어나기 시작했습니다. 자연스럽게 공장에서 생산하는 상품의 양도 크게 늘어났습니다. 상품의 질도 조금씩 나아지기 시작했습니다. 가격도 점점 떨어지기 시작했습니다. 더 이상 생산자가 시장을 주도하는 시대가 가고 생산과 수요가 균형을 맞추는 시대가 됐습니다. 그러나 이것도 잠깐이었습니다.

한 20여 년 전부터 공장 자동화다 뭐다 해서 생산 시스템에 변화가 일어나기 시작했습니다. 상품의 생산이 크게 늘어나면서 생산자가 상품을 판매하는 것을 걱정하게 됐습니다. 비슷한 상품이 여기저기서 쏟아져 나오니 그냥 앉아서 편하게 상품을 파는 것이 어렵게 됐습니다. 이제 하나라도 더 많이 팔기 위해서는 상품의 가격을 낮추어야 합니다. 아니면 같은 가격에 더 좋은 상품을 만들어 내야만 합니다. 이렇게 해도 시장에서의 경쟁은 점점 치열해져만 갑니다. 장사를 하고 남는 이익도 예전만 못합니다. 어떨 때는 밑지고 파는 일이 발생하기도 하지요. 앞으로도 이러한 현상은 계속해서 이어질 것입니다. 그러니 앞으로 생산자는 소비자가 원하는 것을 소비자가 원하는 가격으로 제공해야만 합니다. 그렇지 않으면 소비자의 선택을 받을 수도, 시장경쟁에서 살아남을 수도 없을 것입니다. 그럼 어떻게 하면 소비자가 원하는 것을 알 수 있을까요? 그것은 바로 사회의 주류를 이루는 사람들의 생각과 행동을 살펴보는 것입니다.

2. 오프라인과 온라인이 만나서 만드는 O2O 경제

요즘 신세대는 상품이나 서비스를 구매하는 방식이 기성세대와 크게 다릅니다. 무슨 말이냐고요? 컴퓨터 사용이 미숙한 기성세대들은 직접 눈으로 확인을 해야만 상품을 믿을 수 있다고 생각합니다. 그래서 주로 백화점이나 대형마트 또는 동네 상점에서 상품을 구입합니다. 기껏해야 홈쇼핑 방송을 이용하는 정도입니다. 이에 반해 컴퓨터를 좀 쓸 줄 안다는 세대들은 인터넷에 접속해 쇼핑을 합니다. 그렇다고 모든 걸 인터넷을 통해 구매하지는 않습니다. 주로 잘 알려진 상품이나 규격이 일정한 공산품을 구매하는 정도입니다. 책, CD, 전자기기와 같은 것을 말입니다. 그러나 밀레니얼세대는 이들과 완전히 다릅니다. 모든 걸 인터넷을 이용해 해결하려고 합니다. 상품을 구매하는 것, 음식을 시켜 먹는 것, 표를 예매하는 것 등을 말이지요. 심지어는 농산물을 배달시키는 것까지도 인터넷 하나로 해결하려 듭니다. 어디서나 자기가 원하는 것을 편리하게 구입할 수 있기 때문입니다. 이처럼 상점의 물건을 인터넷으로 구입하는 것과 같은 일들을 오투오(O2O) 서비스라고 합니다. 그리고 이런 오투오 서비스가 만들어내는 경제를 오투오 경제라고 합니다. 그럼 지금부터 오투오 서비스에 대해 조금 더 자세히 알아보겠습니다.

출처: https://www.alamy.com/, https://g.foolcdn.com/image/ 재구성.

〈오투오 서비스의 기본 개념〉

■ 오투오 서비스 경험사례

며칠 전 백화점에 다녀왔습니다. 쇼핑을 즐기던 중에 마음에 드는 신발을 하나 발견했습니다. 착용감이 좋은데다 디자인도 아주 뛰어났습니다. 단지 흠이라면 가격이 좀 비싸다는 것이었습니다. 아쉬움에 자리를 뜨지 못하고 있었습니다. 한참을 망설이다가 스마트폰을 꺼내 들었습니다. 그리고 검색창에 신발 모델명을 입력해 보았습니다. 그러자 이 상품을 취급하는 쇼핑몰의 판매가격들이 화면에 표시됐습니다. 그중에는 매장 가격보다 15퍼센트나 싸게 파는 곳도 있었습니다. 그걸 본 순간 한 치의 망설임도 없이 이거다 싶었습니다. 라벨을 스마트폰 카메라로 찍고 매장을 나왔습니다. 집에 돌아오는 길에 매장에서 열어 본 최저가 인터넷 쇼핑몰에 접속을 했습니다. 그리고 곧바로 스마트폰으로 주문했습니다. 다음날 원하던 상품이 택배로 배달됐습니다. 오프라인으로 매장에서 상품을 확인하고 스마트폰을 이용해 온라인으로 구매를 한 것이 다시 오프라인 택배로 배달된 것입니다. 싸고 좋은 물건을 편하게 얻을 수 있었던 좋은 날이었습니다.

오투오(O2O) 서비스에서 오투오는 온라인 투 오프라인(Online to Offline) 또는 오프라인 투 온라인(Offline to Online)의 줄임말입니다.

오프라인과 온라인을 결합해 일을 처리한다는 데서 비롯된 말입니다. 이런 오투오 서비스가 선을 보인 것은 2000년대 초반의 일입니다. 인터넷을 이용한 전자상거래가 활성화되기 시작한 때이지요. 그러나 이때의 오투오 서비스는 지금과 비교하면 불편하기 짝이 없었습니다. 오투오 서비스를 이용해 상품을 구입하려면 직장이나 학교 또는 집에 있는 컴퓨터를 이용해야만 했습니다. 컴퓨터도 인터넷도 없는 버스나 지하철에서는 이용이 불가능했습니다. 하지만 스마트폰이 보급되면서부터는 사정이 크게 달라졌습니다. 스마트폰을 컴퓨터처럼 쓸 수 있게 되었기 때문입니다. 아니 더 정확히 얘기하면 스마트폰에서 상품을 구입할 수 있는 편리한 앱들이 많이 생겨났기 때문입니다. 이제 스마트폰 하나만 있으면 어디서나 상품을 검색하고, 주문을 낼 수가 있습니다. 스마트폰 뱅킹으로 상품대금을 지불하고, 원하는 장소로 배달을 요구할 수도 있습니다. 아예 요즘은 회원의 소비패턴을 파악해 음식이나 생필품을 정기적으로 보내주는 서비스도 많이 생겨났습니다. 반대로 상품을 판매하는 사람은 더 이상 매장에 상품을 진열하지 않아도 됩니다. 홈페이지를 통해 주문을 받고 물류창고에서 바로 상품을 배달하면 됩니다. 그전에는 직접 대리점을 내거나 대리점을 가진 사람에게 판매를 부탁해야 했습니다. 그러나 지금은 그럴 필요가 없습니다. 누구나 인터넷을 통해 상품을 진열하고 판매하면 됩니다. 미국의 필백이라는 회사는 약 먹는 것을 까먹는 환자들을 위해 날짜와 시간이 적힌 약을 정기적으로 배달해 준다고 합니다. 참으로 편리한 세상이 됐습니다.

3. 소비자가 바라는 대로 이뤄지는 온디맨드 경제

지금도 그런 경우가 있지만 옛날에는 자장면을 먹으려면 꼭 중화요리집을 찾아 가야 했습니다. 또 필요한 물건이 있으면 상점을 방문해야 했습니다. 배달문화라는 것이 없던 시절이니 매장을 찾아가는 것을 당연하게 생각했던 것입니다. 그러다 전화가 보급되면서부터는 집에 앉아 음식을 주문하는 것이 가능하게 됐습니다. 전화로 먹고 싶은 것을 주문하면 오토바이를 탄 아저씨가 음식을 가져다 주었습니다. 배달문화가 확산되면서부터는 치킨, 족발과 같은 음식도 배달이 가능하게 됐습니다. 그렇다고 모든 것이 뜻대로 되는 것은 아니었습니다. 종종 배달이 되지 않는 가게들이 있어 애를 태우곤 했습니다. 이유를 물어보면 배달을 하는 사람이 없기 때문이라는 겁니다. 어떤 경우는 전화주문을 받느라 통화가 안 될 때도 있었습니다. 하지만 요즘은 어떤가요? 예전에 비해 배달을 해 주는 곳이 폭발적으로 늘지 않았던가요? 배달료만 추가로 내면 어느 지역에 있는 식당이든 배달을 해주겠다고 하지 않던가요? 그렇습니다. 배달만 전문적으로 대행해 주는 회사가 늘면서 배달을 해 주는 가게가 크게 늘어나고 있습니다. 더구나 요즘은 스마트폰 배달 앱에 접속해 언제든 자신이 원하는 메뉴를 골라 바로 주문을 할 수도 있습니다.

출처: https://appinventiv.com/blog/wp-content/ 재구성.

〈온디맨드서비스의 기본 개념〉

■ 온디맨드서비스 경험사례

요 며칠 계속해서 야근을 한 탓인지 몸 컨디션이 평소와 같지 않았습니다. 그래서 오늘은 지하철 대신 택시를 타고 퇴근을 하기로 했습니다. 돈이야 조금 더 나가겠지만 건강상태를 생각하면 이게 맞겠다 싶었습니다. 생각이 여기에 미치자 바로 스마트폰을 꺼내 들었습니다. 그리고는 택시호출 앱을 구동했습니다. 앱 구동이라고 해야 도착지 정보를 입력한 것이 전부였습니다. 그러자 마치 기다렸다는 듯이 '약 10분 후, ○○○기사님이 운전하는 차량번호○○○ 택시가 도착할 것'이라는 메시지가 스마트폰 화면에 나타났습니다. 메시지를 확인한 나는 천천히 책상을 정리하고 사무실 밖으로 나갔습니다. 사무실을 나선지 2분 정도 지나자 스마트폰 메시지에서 확인한 택시가 내 앞에 와 섰습니다. 나는 큰 어려움 없이 그 택시에 올라탔습니다. 예전 같으면 길가에 서서 지나가는 택시를 손을 흔들어 잡아야 했을 것입니다. 어떤 때는 다른 사람이 앞서 차를 잡아타는 바람에 마냥 기다린 적도 있었습니다. 추운 겨울날이면 발을 동동 구르기도 했습니다. 하지만 오늘은 언제든 부르면 달려오는 택시호출 앱 덕분에 편하게 집으로 돌아왔습니다.

사례에서 이야기한 것처럼 소비자가 원할 때 원하는 것을 제공해 주는 것을 우리는 온디맨드(on demand)서비스라고 합니다. 그리고 이런 서비스가 만들어 내는 경제를 온디맨드 경제라고 합니다. 그럼 어떻게 이런 서비스가 등장하게 된 걸까요? 그 중 하나의 원인은 소비자 중심으로 시장이 돌아간다는 것입니다. 소비에 비해 생산이 적을 때는 생산자가 시장을 좌지우지했습니다. 그러나 지금은 생산과잉의 시대라고 해도 과언이 아닙니다. 그러니 생산자가 원하는 가격을 받는 것이 여간 쉽지 않습니다. 조금만 불친절해도 손님이 빠져 나갑니다. 소비자가 원하는 것을 소비자가 원하는 때에 제공하지 못하면 장사를 할 수가 없습니다. 온디맨드 서비스가 대세가 될 수밖에 없는 이유입니다. 그리고 온디맨드 서비스가 크게 확산된 데에는 요즘 신세대들의 성향도 큰 영향을 미쳤습니다. 필요한 게 있으면 바로 손에 넣어야 하는 욕구가 이런 서비스를 가능하게 한 것입니다.

4. 누구나 생산자와 소비자가 되는 공유경제

공유서비스는 주택이나 자동차 같은 것들을 다른 사람에게 빌려 주거나 빌려 쓰는 것을 말합니다. 그리고 이러한 서비스가 만들어 내는 경제를 공유경제라고 합니다. 공유경제의 의미를 좀 더 알기 쉽게 사례를 들어 설명하면 다음과 같습니다.

■ 공유서비스 경험사례

얼마 전 고등학교 동창들과 해외여행을 다녀왔습니다. 처음에는 여행사에서 제공하는 패키지여행을 이용하려고 했습니다. 이것저것 신경 쓸 필요 없이 여행사가 하라는 대로 하기만 하면 되니까요. 그러나 한편으로는 여행사가 짜 놓은 일정이 너무 빡빡해 피곤할 것 같다는 생각이 들었습니다. 그래서 우리는 조금 수고스럽기는 하지만 자유여행을 하기로 마음을 고쳐먹었습니다. 여유를 가지고 차근차근 여행지를 둘러보기로 한 것입니다. 생각이 여기에 이르자 우리는 각자 역할을 나누고 자기가 맡은 역할을 수행하기로 했습니다. 어떤 친구는 왕복 항공권 구매를 담당하고 또 어떤 친구는 현지 식당을 알아보기로 했습니다. 나는 숙소를 찾아 예약하는 일을 맡았습니다. 해외출장을 자주 다녔던지라 그리 어려운 과제는 아니었습니다. 문제는 비용이었습니다. 모두들 자기 주머니에서 여행비를 내는 것인 만큼 불필요한 지출을 줄여야 했습니다. 특히, 잠만 자는 데 들어가는 숙박비 따위를 줄이는 것이 필요했습니다. 그래서 나는 생각했습니다. '굳이 호텔이 뭐가 필요하지? 저렴하고 훌륭한 숙소 공유서비스도 얼마든지 있는데...'라고 말입니다. 그리고는 에어비앤비 홈페이지에 접속해 우리 형편에 맞는 숙소를 찾아 예약을 했습니다. 방 세 개짜리 2층집이었는데, 3박에 55만 원밖에 하지 않았습니다. 스마트폰 뱅킹으로 대여료를 지불하고 나니 집 주인으로부터 메일이 왔습니다. 열쇠를 출입구 좌측의 창고 선반에 올려놓을 테니 이용을 하고 제자리에 놓아달라고 말입니다. 편리한 숙박공유서비스 앱 덕분에 저렴한 비용으로 알찬 여행을 마칠 수 있었습니다.

사례에서 보았듯이 공유서비스에서는 주택의 위층은 주인이 그리고 아래층은 여행객이 나누어 쓰게 됩니다. 또 하나의 주택을 어느 날은 A라는 여행객이 그리고 또 다른 날은 B라는 여행객이 나누어 쓰게 됩니다. 그런데 이렇게 말하면 공유서비스가 기존의 호텔숙박이나 자동차 렌트와 무슨 차이가 있냐고 묻는 사람들이 있습니다. 그렇습니다. 무언가를 다른 사람에게 빌려주고 누군가는 그것을 빌려 쓴다는 점에서는 차이가 없습니다. 그러나 빌려주고 빌리는 방법에 있어서는 아주 큰 차이가 있습니다.

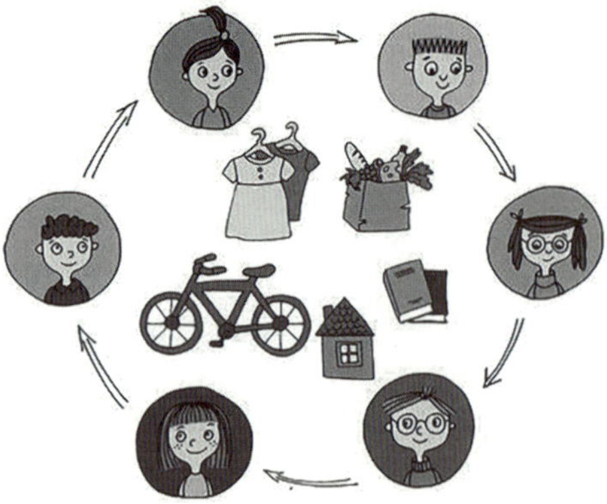

출처: https://previews.123rf.com/

〈공유서비스의 기본 개념〉

먼저, 기존의 대여서비스는 한 개인 또는 회사가 가진 물건을 시간을 나누어 여러 사람에게 빌려 줍니다. 다음 그림과 같이 일대다로 빌려주고 빌리는 행위가 이루어지는 것입니다. 그러니 빌려주는 사람의 수가 적거나 그들이 가지고 있는 물건이 부족하면 여러 사람에게 빌려줄 수가 없게 됩니다. 하지만 공유서비스에서는 이런 문제가 발생하지 않습니다. 물건을 빌리려는 사람은 언제든 자기가 원하는 물건을 마음껏 고를 수 있습니다. 주택을 소유한 아주 많은 사람들, 차량을 가진 수많은 사람들이 서비스에 참여하기 때문입니다. 기존의 대여서비스와 달리 다대다로 빌려주고 빌리는 행위가 이루어지기 때문입니다.

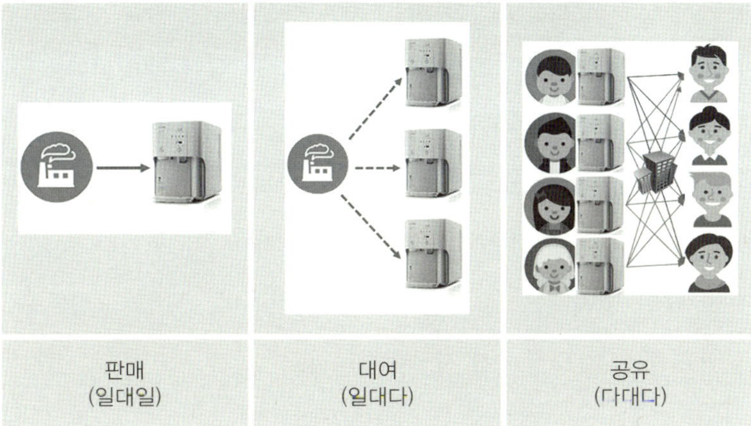

〈판매, 대여, 공유서비스의 개념 차이〉

기존의 대여서비스와 공유서비스의 차이점은 또 있습니다. 바로 물건을 빌리는 기간과 비용입니다. 지금까지의 대여서비스는 대부분 하루 단위로 대여료를 지불해야 했습니다. 특히, 자동차 같은 경우에는 한 시간을 빌리든 하루를 빌리든 하루치의 대여료를 모두 내야 합니다. 얼마 사용하지도 않았는데 높은 비용을 지불해야 하는 것입니다. 그러나 공유서비스에서는 자기가 사용한 만큼만 비용을 지불하면 됩니다. 사용시간이나 사용거리 또는 사용량에 비례해서 대여료를 내는 것이지요.

그러면 어떻게 공유서비스가 세상 사람들의 관심을 끌게 된 것일까요? 아마 그건 우리가 처한 시대적 상황과도 무관하지 않을 것입니다. 잘 알려진 바와 같이 공유서비스 또는 공유 경제라는 용어가 본격적으로 등장한 것은 2008년도입니다. 바로 글로벌 금융위기로 전 세계가 경제적 어려움을 겪고 있던 때입니다. 결국 국가적 불황은 가계경제에 영향을 미쳤고, 이로 인해 소비가 크게 위축됐습니다. 많은 사람들이 조금이라도 비용을 줄일 수 있는 방법을 찾아 나섰습니다. 물건을 소유하는 걸 포기하고 꼭 필요할 때만 빌려 쓰기로 했습니다. 에어비앤비, 우버와 같은 공유서비스가 속속 등장하기 시작했습니다.

공유서비스가 확산된 데에는 첨단 정보통신 기술도 한 몫을 했습니다. 원래 수없이 많은 사람들 간에 물건을 빌려주고 받으려면 많은 일들을 자동으로 처리할 수 있어야 합니다. 뿐만 아니라 빌려주고 받는 사람들이 안심하고 대금을 주고받을 수 있도록 해야 합니다. 그러나 불과 10여 년 전만 해도 이런 일은 쉽게 해결되는 것이 아니었습니다. 하지만 지금은 어떤가요? 초고속 인터넷, 대용량 반도체, 고성능 서비 기술 덕분에 이런 일은 더 이상 문제가 되지 않습니다. 비용도 예전에 비해 많이 줄어들었습니다.

5. 모든 거래는 플랫폼으로 통한다.

우리가 오프라인과 온라인을 결합하고, 원하는 것을 그때그때 제공하고, 필요한 것을 공유하려면 누군가의 도움이 필요합니다. 만일 누군가의 도움이 없다면 생산자는 상품을 구매해 줄 소비자를 직접 찾아 나서야 합니다. 소비자 또한 자신이 원하는 상품을 판매하는 생산자를 스스로 찾아내야만 합니다. 비록 인터넷이 발달됐다고는 하지만 직접 모든 것을 알아내야 하니 많은 노력이 필요할 것입니다. 어쩌면 원하는 것을 찾을 수 없을지도 모릅니다. 하지만 파는 사람과 사는 사람들이 모여 있는 장소가 있다면 어떨까요? 그리고 거기서 누군가의 도움을 받을 수 있다면 어떨까요? 한군데서 많은 사람을 만나게 되니 더욱 편리하게 상품을 사고 팔 수 있지 않을까요? 더 좋은 빈방과 자동차를 빌려주고 빌릴 수 있지 않을까요? 더욱이 이런 모임의 장소가 인터넷이나 모바일 공간 속에 있다면 더 편리하지 않을까요? 그렇습니다. 온라인과 온디맨드 그리고 공유서비스를 하려면 누군가의 도움이 필요합니다. 우리는 이때 도움을 주는 것을 플랫폼이라고 부릅니다. 그리고 이런 플랫폼을 이용한 서비스를 플랫폼서비스라고 부릅니다. 플랫폼서비스가 이루는 경제는 플랫폼 경제라고 불리기도 하구요.

■ 플랫폼서비스 비유사례

우리는 경부선 기차를 타려면 서울역으로 나가면 됩니다. 타려는 기차가 KTX든 새마을호든 무궁화호든 상관없이 표를 구하고 지정된 플랫폼에서 기다리기만 하면 열차를 탈 수 있습니다. 마찬가지로 호남선 기차를 타려면 용산역에 나가 표를 구하고 지정된 플랫폼에서 기다렸다가 열차에 오르면 됩니다. 만일 자신이 거주하는 지역이 서울 강남이라면 수서역에서 SRT를 타는 것이 훨씬 편리하겠지요. 서울역이나 용산역까지 오는 수고를 덜 수 있을 테니까요. 이건 지방에서도 마찬가지입니다. 대전에 사는 사람이 부산까지 가려면 대전역에서 표를 구하고 경부선 플랫폼에서 기다리면 됩니다. 그러면 대전역에서 내린 사람의 빈자리에 앉아 편하게 부산까지 갈 수가 있습니다. 그러나 만일 이런 플랫폼의 기능이 없다면 어떻게 될까요? 기차 종류별로 역이 따로따로 있거나, 행선지별로 역이 다르다면 어떨까요? 매번 가고자 하는 기차의 역을 찾아다니거나, 기차를 갈아타기 위해 역을 옮겨 다녀야 하지 않을까요? 그러자면 많은 시간과 노력을 들여야 할 것입니다. 이처럼 기차역의 플랫폼은 기차들이 오고가고, 승객들이 타고 내리는 데 없어서는 안 될 매우 중요한 역할을 하고 있습니다. 플랫폼을 매개로 수많은 승객이 기차를 타고 내리고, 수많은 기차가 승객을 태우고 내려주는 것입니다.

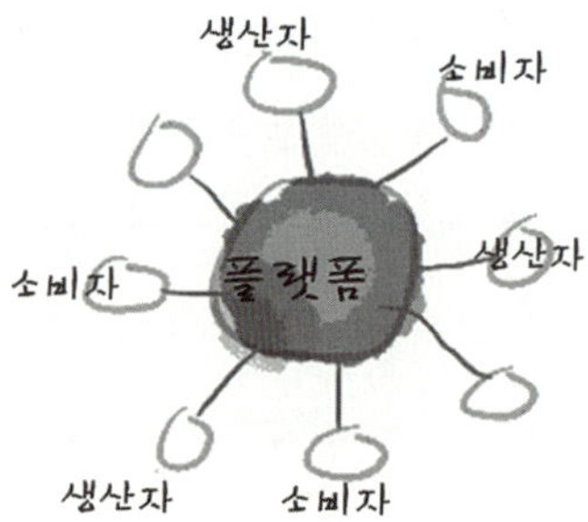

출처: https://upload.wikimedia.org/

〈플랫폼의 기본개념〉

사례에서 보았듯이 비즈니스 세상의 플랫폼도 기차역의 플랫폼과 비슷한 역할을 합니다. 수많은 소비자에게 그들이 원하는 상품이나 서비스를 얻을 수 있게 해 줍니다. 또 수많은 생산자에게 그들의 상품과 서비스를 판매할 수 있도록 해 줍니다. 플랫폼에 접속해 생산자와 소비자가 만나 상품과 서비스를 사고파는 것입니다. 그렇다면 생산자와 소비자를 만나게만 해주면 이를 플랫폼서비스라고 부를 수 있을까요? 기존의 온라인 쇼핑몰은 모두 플랫폼서비스를 하고 있는 것일까요? 그렇지 않습니다. 플랫폼서비스라고 불리려면 다수의 생산자와 다수의 소비자를 보유하고 있어야 합니다. 그리고 이들이 서로 만나 가치를 교환할 수 있도록 해 주어야 합니다. 생산자가 원하는 재화와 소비자가 원하는 상품이나 서비스를 서로 교환하는 것입니다.

이런 플랫폼서비스는 앞으로도 계속해서 발전할 것입니다. 그리고 산업전반에 걸쳐 크게 영향을 미칠 것입니다. 플랫폼 형태로 이루어질 수 없다고 생각하는 것들까지도 플랫폼 형태로 진행이 될 것입니다.

〈플랫폼 비즈니스 사례〉

회 사 명	사 업 내 용
왓츠앱 (Whatsapp)	메시지 송신자와 수신자가 문자 메시지를 상호 교환
스퀘어(Square)	개인과 사업자가 카드결제 앱을 이용해 대금을 주고받음
이노센티브 (InnoCentive)	기술이 필요한 사람과 기술을 가진 사람이 필요 기술을 거래
릴레이라이즈 (RelayRides)	떠나는 여행객의 자동차를 도착하는 여행객에게 렌트
네이버굿즈 (NeighGoods)	잔디깎기 기계를 보유한 사람과 필요한 사람을 중개

코힐로 (cohealo)	고가의 MRI 장비를 에어비앤비와 같은 방식으로 대여

6. 긱(Gig) 플랫폼으로 새 일거리를 만나다.

그런데 산업과 직업의 변화를 예측할 때, 반드시 짚고 넘어가야 할 것이 하나 있습니다. 바로 기술이 발전하는 속도입니다. 기술의 발전에 따라 산업이 변화하는 속도입니다. 미국의 한 전문기관에 따르면 기술의 수준이 10년 후에는 지금의 천 배가 될 것이라고 합니다. 또한, 미국 S&P기업의 수명이 60년대에 60년에 이르던 것이 최근 들어서는 20년으로 단축됐습니다. 게다가 앞으로는 기업 수명이 더욱 짧아질 것이라고 합니다. 그렇다면 앞으로 우리의 직업에는 어떤 변화가 나타날까요? 현재 우리가 가지고 있는 직업들은 얼마나 오랫동안 유지가 될 수 있을까요? 지금 우리의 아이들이 부모세대처럼 한 직장에 오래 다니는 것이 가능할까요? 여기에 대한 답은 '아니다'입니다. 기술이 빠르게 발전하는 만큼 직업도 거기에 맞추어 변화될 것입니다. 그러니 한 번 공부한 것을 가지고 평생을 써먹는다는 것은 있을 수도 없는 일입니다. 적어도 서너 번 아니면 그 이상 직장을 바꾸어야 할 것입니다. 직장이 아니라 직업을 바꾸어야 할지도 모릅니다. 어떤 분야는 일거리가 있을 때만 일을 하는 형태로 직업의 형태가 바뀔 수도 있습니다. 벌써부터 직장보다는 직업, 직업보다는 일거리가 더 중요하다는 이야기가 흘러나오고 있습니다. 미국에서는 직장에 소속되지 않고 홀로 일을 하는 사람의 숫자가 큰 폭으로 증가하고 있습니다. 우리나라도 1인기업 또는 1인지식기업이라는 타이틀을 가지고 활동을 하는 전문가들이 크게 늘어나고 있습니다. 심지어는 이들에게 일자리를 알선해 주는 온라인 플랫폼이 여러 개 등장하기도 했습니다. 작은 기업에서 출발해 유니콘 반열에까지 오른 미국의 썸텍(Thumbtack)과 우리나라의 숨고, 크몽, 탤런트뱅크 등이 바로 그것입니다. 우리는 이와 같은 것들을 긱서비스(Gig service)라고 부릅니다. 그리고 이러한 서비스가 만들어 내는 경제를 긱 경제(Gig Economy)라고 합니다.

■ 긱서비스 사례

2주 전부터 시작한 사업계획서 컨설팅 작업이 마무리 돼 갑니다. 대전의 한 회사에서 의뢰받은 일인데, 드디어 작업이 끝나 가는 것입니다. 바쁘게 일에만 매달렸던 탓인지 벌써부터 홀가분한 마음이 듭니다. 이 작업이 끝나면 한 이틀 리조트에 가서 쉬었다 올 생각입니다. 그러나 한편으로는 걱정이 되기도 됩니다. 나 같은 1인기업가는 계속해서 일을 해야 수입이 생기는데 일을 따오는 것이 만만치 않습니다. 아무튼 이런 저런 상념에 잠겨 있는데 전문가 알선회사로부터 문자가 왔습니다. 대형프로젝트 수행을 의뢰받았는데 한 분야만 맡아서 해 줄 수 있냐고요. 가만히 보니까 평소 내가 해 왔던 일과 비슷한 일이라 큰 어려움이 없을 것 같았습니다. 제시하는 대가도 다른 일보다 높은 가격이었습니다. 무엇보다 좋은 것은 지금 프로젝트가 끝나면 한동안 할 일이 없다는 것이었습니다. 그래서 나는 흔쾌히 그 프로젝트에 참여하겠다고 회신을 했습니다. 이렇게 대답을 하고 나니 걱정이 좀 가시기 시작했습니다. 일을 맡기려는 사람과 그 일을 하려는 사람을 연결시켜 주는 사이트에 내 프로필을 등록해 놓은 것이 큰 도움이 된 것입니다. 아마 전문가 알선회사는 나 외에 또 다른 전문가를 참여시켜 큰 프로젝트를 수행할 것입니다. 예전 같으면 일거리를 찾아 헤맸을 텐데 이러한 긱서비스 덕분에 시간과 노력을 줄이게 됐습니다.

사례와 같이 긱서비스는 일을 맡기려는 사람과 일자리를 찾는 사람을 일대일로 매칭시켜 주는 것입니다. 원래는 공연산업에서 먼저 시작되었다고 합니다. 이런 식으로 말입니다. 어느 날 기타리스트가 회갑연에 참석을 해서 연주를 해 줄 것은 요청받았답니다. 그런데 이 사람은 기타만 칠 줄 알았지 피아노나 섹스폰, 드럼은 연주할 줄 몰랐습니다. 설령 여러 악기를 다룬다고 해도 혼자서 합주를 할 수는 없는 일이었습니다. 기타리스트는 한참을 생각하다 악기상이 밀집한 곳으로 나갔습니다. 그리고 거기에 나와 있는 악사들 중 피아니스트, 섹스폰 연주자, 드러머를 모아 팀을 꾸렸습니다. 그리고 무사히 행사를 치렀습니다. 행사가 모두 끝난 다음 기타리스트는 행사 요청자에게 받은 대가를 연주사들에게 나누어 주었습니다. 그리고는 각자 위치로 돌아갔습니다. 다음에 기회가 오면 또 다시 모여 공연을 하기로 약속을 하고요. 기타리스트를 중심으로 악기상이 서비스 플랫폼 역할을 한 셈입니다.

이러한 긱서비스는 초기에는 오프라인에서 주로 단순 노동을 연결시켜 주었습니다. 하지만 지금은 온라인 플랫폼이 등장해 전문적인 일까지도 연결을 시켜주고 있습니다. 앞으로도 긱서비스는 사람들에게 더 큰 호응을 얻을 것입니다. 급여보다는 가치 있는 일자리를 희망하는 Z세대가 노동시장의 주역으로 등장하기 때문입니다. 일보다 삶을 중요시하는 이들 세대가 보다 유연한 형태의 근무를 요구하기 때문입니다. 놀고 싶을 때 놀고, 하고 싶을 때 한다는 욕구이겠지요. 고용의 유연성을 높이려는 고용주의 욕구도 긱서비스를 활성화시키는 한 요인이 됩니다. 단기적 일을 외부 전문가에 맡김으로써 일 처리의 신속성을 높일 수 있으니까요. 뿐만 아니라 정규직 채용에 따르는 고정비용을 줄일 수 있으니 일석이조가 아닐 수 없습니다.

7. 알파세대와 미래 경제

디지털 기술, 인터넷은 시간과 공간의 제약을 뛰어넘어 전 세계 어디서나 동일한 정보를 공유하고 교류가 가능하도록 해주었습니다. 표준화된 정보의 교류와 실시간 커뮤니케이션이 가능해지면서 생산자와 소비자의 거리가 짧아지고, 중개인이 사라지고, 플랫폼을 중심으로 직접 만나는 것이 가능해졌습니다.

온라인 플랫폼은 오프라인 플랫폼의 공간적 제약을 없애버렸습니다. 온라인 쇼핑이 대표적입니다. 아마존이나 이마트 같은 온라인 쇼핑몰 운영자가 상품거래 플랫폼을 구축합니다. 그러면 일정한 룰에 따라 수많은 공급자들이 상품을 제공하고, 동시에 수많은 소비자들이 요금을 지불하고 물건을 구매하게 됩니다.

2021년의 전 세계 최고 기업 순위를 보면, 우리가 잘 아는 IT 공룡들이 제일 앞에 있습니다. 이들 기업 하나의 가치는 선진국의 GDP를 추월할 정도로 막강합니다. 애플, 구글, 마이크로소프트, 아마존, 페이스북 등 최고 기업들은 공통적인 특징이 있습니다. 첫째, 모두 IT 기업들이라는 점입니다. IT가 지배하는 미래 사회를 잘 보여주고 있습니다. 둘째, 소프트웨어 기업입니다. 제품을 생산하는 제조업이 아니라, 아이디어와 기술로 막대한 이익을 얻는 특징을 가지고 있습니다. 셋째, 매일 매일 수집하는 엄청난 데이터를 인공지능이 분석하여 서비스를 제공하면서 기업의 가치를 높이고 있습니다. 넷째, 모두 플랫폼 기업이라는 점입니다.

애플 스마트폰은 IOS라는 운영체제로 작동되고, 스마트폰에 내장된 수많은 앱 플랫폼을 통해 막대한 이익을 거둬들이고 있습니다. 구글은 전 세계 검색 시장의 90%를 장악하고 있고, 유튜브 플랫폼을 통해 역시 막대한 힘을 자랑하고 있습니다. 마이크로소프트는 윈도우 프로그램을 통해 전 세계 컴퓨터 운영시스템을 장악하고 있습니다. 아마존은 온라인 쇼핑시장 플랫폼을 구축하고 전 세계 온라인 시장을 장악하고 막대한 수익을 올리고 있습니다. 페이스북은 SNS 플랫폼으로 전세계 소셜네트워크서비스 시장을 장악하고 있습니다. 인스타그램의 모기업이기도 합니다.

위 5개의 IT 공룡 기업들은 미래 알파세대의 하루 생활을 지배하게 될 것입니다. 친구들과 소식을 공유하고 메시지를 주고받는 SNS 플랫폼, 동영상을 올리거나 보는 플랫폼, 전자상거래 플랫폼, 콘텐츠 플랫폼, 앱 스토어 플랫폼, 심지어 스마트폰 운영체제 플랫폼까지 아침에 일어나서 잠들 때까지 플랫폼을 떠나서 살 수 없게 되었습니다. 이렇게 볼 때, 지금 이 시대를 대표하는 키워드는 플랫폼이라고 해도 과언이 아닐 것입니다.

누구나 사용하는 플랫폼의 특징 덕분에 플랫폼은 누구에게나 기회를 제공하고 있습니다. 누구나 사업을 할 수 있는 것입니다.

크리에이티브커먼즈 라이센스

플랫폼의 장점은 표준화된 기능을 누구에게나 제공한다는 것입니다. 공급자는 좋은 제품이나 좋은 콘텐츠만 생산하면 됩니다. 공급자가 플랫폼에 제품과 서비스와 콘텐츠를 올리면 소비자는 자신이 원하는 제품을 찾아 비용을 지불하고 이용하게 됩니다.

요즘 많은 10대들의 장래희망은 유튜버가 되는 것입니다. 유튜브는 대표적인 온라인 플랫폼입니다. 하루에도 수많은 공급자와 수요자가 이 플랫폼에서 만납니다. 현대판 온라인 장터입니다. 누구나 이 플랫폼을 활용하여 영상을 올릴 수 있습니다. 영상이 인기가 많아지면, 즉 구독자가 많아지면 소득이 생기고, 운이 좋으면 막대한 수익을 거둘 수도 있습니다. 좋은 콘텐츠, 재미 있고 유익한 콘텐츠를 많이 만들게 되면 엄청난 기회를 경험할 수 있습니다.

크리에이티브커먼즈 라이센스

알파세대는 플랫폼 시대에 살게 될 것입니다. 플랫폼을 잘 활용하면 다양한 삶의 기회를 만들 수 있습니다. 그러기 위해서는 좋은 콘텐츠를 개발하는 것이 매우 중요합니다. 우리가 플랫폼을 구축하는 것은 힘들지만, 콘텐츠를 만드는 것은 누구나 할 수 있습니다. 알파세대의 미래는 플랫폼 시대인 동시에 콘텐츠 시대가 될 것입니다.

내가 잘 할 수 있는 것, 나만이 만들 수 있는 가치가 무엇인지 잘 살펴보는 것이 필요합니다. 이렇게 만들어진 가치는 알파세대에게 엄청난 기회를 가져다 줄 수 있습니다. 그것이 알파세대의 미래 직업에도 영향을 미칠 수 있습니다.

크리에이티브커먼즈 라이센스

그러기 위해서는 노력이 필요합니다. 내가 갖고 있는 소질을 개발하고, 능력을 신장하여 나를 발전시키는 노력을 하여야 합니다. 나를 브랜드화하는 것이라고 할 수 있습니다.

크리에이티브커먼즈 라이센스

나만의 콘텐츠는 나만 할 수 있는 것이고, 그것은 창의적인 작업의 결과입니다. 미래 사회는 그러한 브랜드, 그러한 가치를 만들어 내는 사람이 대접받는 사회가 될 것입니다.

제5장

미래 직업세계의 변화

인공지능, 빅데이터, 사물인터넷, 증강현실 등의 4차 산업혁명의 핵심기술이 확산되면 우리의 생활뿐만 아니라 직업세계에도 변화가 가속화될 것입니다. 기존 직업의 일자리 전망이 급격히 달라지는 것은 물론이고 새로운 직업이 생기거나 일을 하는 방식 등에도 많은 변화가 예상됩니다. 기계학습과 자동화 등의 기술혁신이 가져올 직업세계의 변화를 살펴보겠습니다.

1. 인공지능과 일자리 총량

대다수의 사람들은 '4차 산업혁명' 하면 인공지능이 사람이 하는 일을 대신해서 대량실업이 발생할 것이라는 인식을 갖고 있는 경향이 있습니다. 4차 산업혁명을 대표하는 인공지능과 첨단 기술들이 일자리의 총량을 줄이는지 아니면 증가시키는지와 관련된 논쟁에 대하여 살펴보겠습니다.

기술변화와 일자리

비관론

"AI 등의 기술을 적용하면
인간이 할 수 있는 일을 컴퓨터가 대체할 것이므로
일자리가 많이 감소될 것이다"

- Frey & Osborne(2013) 현재 직업의 47% 위험해…
- 피사리데스(2017) AI 등으로 약 34% 소멸
- 가트너 2025년까지 1/3일자리 감소
- AI는 벌써 의학, 법률상담, 두뇌스포츠, 비서, 금융 등의 분야에서 활동하며 인간의 일자리를 위협하고 있다고 보는 시각(IBM Watson, Jil Waston, Ross, 페퍼, 코니, 구글의 알파고, Roboadvisor, Jil Watson)
- 1~3차에서는 일자리 증가했지만... 이번엔 다르다

낙관론

"AI로 인해 영향을 받는 직업들이 있겠지만,
그 영향은 적거나 대체되는 만큼
새로운 일자리나 직업이 생길 것이다"

- AI 등으로 직무의 일부분만 대체되고(McKinsey Quarterly, 2015) "새로운 직업이나 산업을 만들어 낼 것이다" 예측 (Pew Research Center, 2014)
- 자동화나 인공지능의 영향 추정이 과다 – 직무적으로 접근하면 우리나라 기존 직업 중 약 6% 위험(2016, The Risk of Automation for Jobs in OECD Countries.
- 지금까지 기술혁신은 일자리를 더 창출(컴퓨터와 인터넷의 개발 후 새로 생긴 직업)

1) 일자리 감소(비관론)

4차 산업혁명 시대에는 인공지능이 인간이 할 수 있는 일을 대체할 것이므로 일자리가 많이 감소할 것이라고 생각하는 사람들이 많습니다. 알파고와 왓슨 등의 인공지능을 경험한 사람은 스스로 학습하고 또한 잠도 자지 않고 익히면서 습득하는 인공지능의 지식 양과 정확성을 인간이 흉내 낼 수 없다고 두려워합니다. 이들은 향후 인간의 일자리 감소를 우려합니다. 인공지능은 심화학습(Deep Learning)을 통해서 지식을 축적하게 되는데 인간이 제공하는 규칙이 아니라 수많은 데이터를 기반으로 스스로 규칙을 배워나가며, 그 속도도 엄청나기 때문에 지식노동자를 포함하는 대

다수의 일자리가 없어질 수 있습니다. 이세돌구단과 커제구단을 차례로 꺾은 "알파고 리"는 16만 건의 프로 기사 기보를 7개월 만에 학습하고 세계 최고수를 이겼지만 알파고의 후예인 "알파고 제로"는 어떠한 기보나 바둑책도 보지 않는 셀프 학습을 통해 알파고를 100대 0으로 이겼습니다. 오로지 바둑 규칙 하나만 가지고 입문에서 시작하여 72시간 만에 세계 최고에 올랐으니 인공지능의 진화가 두려움을 느끼게 합니다.

2016년 세계경제포럼에서 4차 산업혁명으로 향후 5년간 719만 개의 일자리가 사라지고 210만 개의 새로운 일자리가 생겨 약 500만 개의 일자리가 사라질 것이라고 하였습니다. 그밖에도 일자리 감소를 우려하는 주장을 하는 사람(기관)은 많습니다. 시장전문 조사기관인 가트너는 인공지능이 지금과 같은 속도로 발전하면 10년 안에 전체 직업의 3분의 1이 사라질 것이라고 예측한 바 있습니다.

영국의 옥스포드 대학의 프레이와 오스본(2013)은 컴퓨터 대체 확률을 모형을 통해 계산한 후 702개 중에 약 47%의 직업이 20년 내에 컴퓨터로 대체가능하다고 주장하였고, Frey와 Osborn의 연구를 복제한 노동연구원(2015)과 직업능력개발원(2016)이 한국에서 진행한 연구에서도 약 50% 넘는 일자리가 위험하다고 보고 있습니다. 한국고용정보원(2017)의 최근 기술진보에 의한 일자리 영향 보고서에 의하면 기술 수준으로 보면 향후 10년간 약 60%의 일자리가 없어질 것이라고 예언하고 있습니다.

바둑이라는 정신스포츠에서 우리에게 경악감과 두려움을 주었던 인공지능은 활동하는 영역이 점차 다양해지고 있습니다. 의료계에서의 질병진단, 외국어 통번역 업무, 제품을 제조하는 공장에서 불량품 검색, 금융계의 투자분석 및 자산관리, 신문 및 잡지의 기사작성, 도로위에서의 자율주행, SNS의 댓글분석, 채용장면에서 지원자의 성향 분석 등 실로 다양한 영역에 확산되고 있습니다. 인공지능의 적용분야가 점차 확대되는 것을 지켜본 사람들은 인공지능이 사람의 일을 대체할 수 있다고 생각하는 경향이 있습니다.

2) 일자리 현상유지 혹은 증가(낙관론)

한편, "AI로 인해 영향을 받는 직업들이 있겠지만, 그 영향은 적거나 대체되는 만큼 새로운 일자리나 직업이 생길 것이라는 낙관론적 견해를 피력하는 사람도 있습니다." 구글의 부사장 빈트 서프는 "역사적으로 기술로 인해 사라진 직업보다 더 많은 직업이 생겼다[1]. 인공지능도 이와 다르지 않다"고 말했습니다.

사람과 직접적 대면이 필요하고 관계형성과 감성적 스킬이 필요한 직업(승무원, 피아노 연주자, 코디네이터, 미용사) 그리고 반복적으로 일을 하더라도 인공지능화하기 복잡한 비정형적인 기술의 체화

1 컴퓨터가 도입되어 타이피스트, 식자공, 볼링장의 핀 세터가 사라졌지만 훨씬 더 많은 컴퓨터와 인터넷 관련 직업이 생겼음

가 중요한 직업(목수, 기계정비사, A/S 기사, 제빵사 등)은 로봇의 개발이 쉽지 않고 개발한다 하더라도 경제적 효과를 보장하기 어려울 수 있습니다. 프레이와 오스본의 연구에서도 대체되기 힘든 직업으로 레크리에이션 치료사, 재난안전지도사, 기계설치정비사, 중간관리자, 중독상담사, 청능사, 작업치료사, 의료기기장비제조자, 의료사회복지사 등으로 분석하였습니다. 4차 산업혁명으로 인한 일자리 감소가 나타나지 않거나 그 영향이 비교적 적을 것이라고 주장하는 사람들은 특정 직업의 업무 중 일부는 인공지능으로 대체 가능하지만 모든 수행 업무를 대체하기 어렵다는 점을 강조합니다.

또한 자율주행자동차가 상용화되면 지구상의 운전을 업으로 하는 많은 사람들이 일자리가 위협받을 것이 분명해 보입니다만 차선이 없는 도로에서 자율주행자동차의 정확한 주행이 어렵기에 일반 도로에서 자율주행자동차를 보는 것이 가까운 미래에 일어나기 어렵다는 견해를 가진 사람이 많습니다. 또한 새로운 기술 도입으로 사고가 발생할 경우의 책임소재 혹은 새로운 기술 때문에 일자리를 잃을 수 있는 이해집단의 체계적 반발 때문에 새로운 기술이 기존의 인간 일자리를 대체하는 것에 어려움이 있을 수도 있습니다. 미국의 수면유도 마취 로봇인 세더시스는 2,000달러였던 미국 수면내시경 비용을 150~200달러로 낮추게 하였지만 평균 연봉 3억 원이 넘는 미국 마취 전문의들의 결사반대로 1년 만에 병원에서 쫓겨났습니다. 의료비용을 획기적으로 줄이면서도 안전하다는 것이 입증되어 다시 마치 로봇이 '복권'될 수 있는지 지켜봐야겠지만 이해 집단의 반발도 하나의 변수가 될 수 있습니다.

로봇이나 인공지능으로 일자리가 없어진 곳에 새로운 일자리가 만들어질 수 있다는 낙관론자도 많습니다. 이들은 "로봇이나 AI가 지금 인간이 하고 있는 일을 어느 정도 대체하겠지만 인간은 영특하기 때문에 산업혁명 이후 그래왔던 것처럼 새로운 직업이나 산업을 만들어 낼 것"이라고 생각합니다.

2. 새로운 직업의 부상

1) 새로운 기술의 적용

첨단과학 분야가 급속도로 발전하면서 새롭게 생겨나는 일자리가 많습니다. 최근 IoT, 가상(증강)현실, 빅데이터, 생명과학, 인공지능 등과 관련한 첨단기술이 주목받고 있으며, 이와 관련하여 새로운 직업이 계속 나타나고 있습니다. 무인항공기를 운전하여 영상정보를 수집하거나 농약을 살포하는 조종사와 이 드론이 운항하는 길을 계획하는 사람도 생겨나고 있습니다. 자율주행자동차가 운전자 없이 거리를 활보하려면 자율주행자동차와 관련된 기술을 개발하는 사람, 자율주행자동차에게 다양한 운행 관련 정보를 제공할 수 있는 차로를 설계하는 사람이 필요합니다. 3D 프린터가 활성화되면서 의료/건축/제조 등에서 이를 모델링하는 하는 사람의 수요도 증가하고 있습니다. 항공기나 탱크의 조종법이나 수술 실습을 컴퓨터 시뮬레이션을 통해 훈련 받으려면 가상 훈련을 기획하여 프로그램을 개발하고 이 훈련시스템을 이용하여 훈련하는 강사가 필요합니다. 또한, 신체에 손상을 입은 부위를 대체하거나 특정 부위의 신체 능력을 극대화하기 위하여 개발된 착용로봇(wearable robot)이 상용화되려면 기계공학, 인체공학, 컴퓨터프로그래밍, 소재공학 등의 전문가가 협업을 해야 합니다.

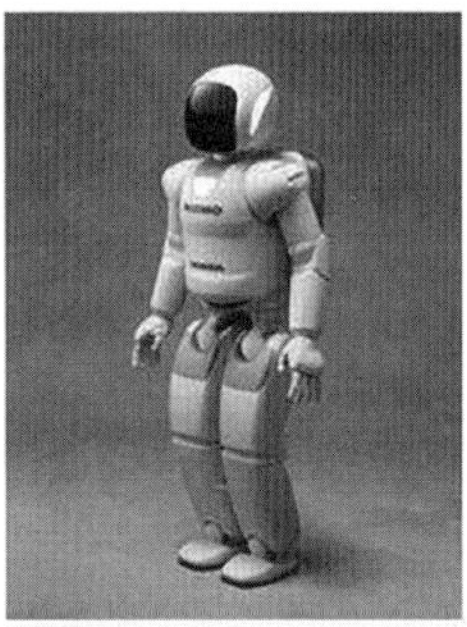
ASIMO

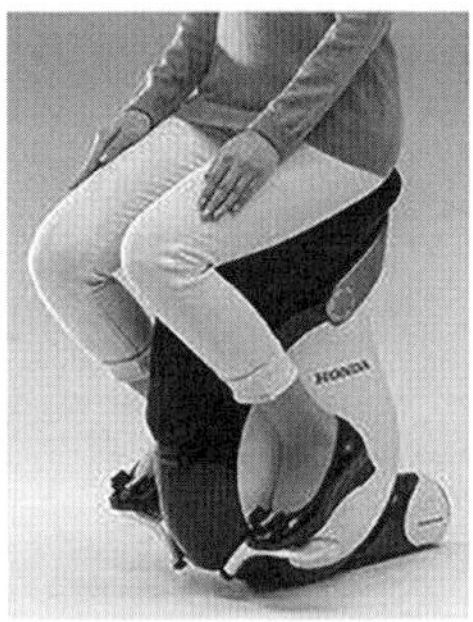
UNI-CUB β

U3-X

Walking Assist

Walking assist device with bodyweight support system

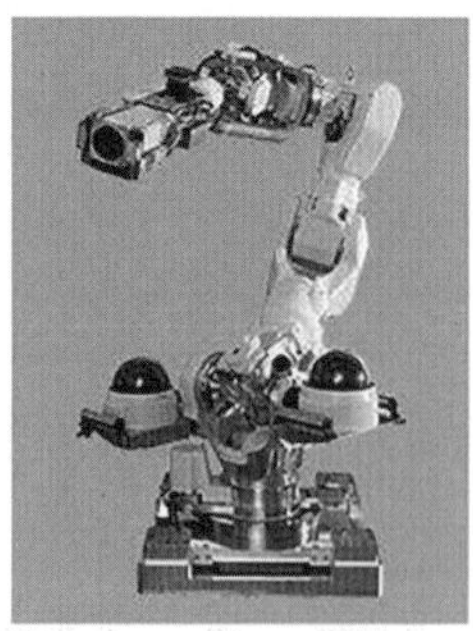
High-Access Survey Robot

새로운 기술이 생기면 기존 직업 중에 없어지는 일자리도 많지만 새롭게 생기는 일자리도 많습니다. 예를 들면, 컴퓨터 때문에 사라진 직업도 있지만, 컴퓨터 때문에 새롭게 생긴 직업이나 일자리가 많습니다. 컴퓨터라는 새로운 기술이 적용된 제품이 탄생하게 되면 컴퓨터를 만드는 것을 업으로 하는 사람도 필요하고, 컴퓨터가 작동할 수 있도록 프로그램을 코딩하는 사람도 있어야 하며, 컴퓨터 화면에서 보이는 그림 이미지를 예쁘게 디자인하는 웹디자이너도 필요합니다. 컴퓨터 프로그램이나 시스템을 잘 만들었는지 살펴보는 컴퓨터감리전문가, 컴퓨터 내의 정보가 다른 사람들에게 유출되지 않게 보호하는 보안전문가도 있습니다. 컴퓨터와 인터넷의 발달로 쇼핑몰이 생겨서 여기서 판매할 물건을 기획하고 쇼핑몰을 운영하는 사람도 생겼으며 이를 사용하는 사람들의 경험이나 인식을 바탕으로 컴퓨터 화면상의 항목이나 내용을 어떻게 구성할지를 기획하는 UX/UI 디자이너도 새롭게 떠오른 직업입니다. 최근에는 컴퓨터게임 중독 때문에 고통을 받고 있는 사람을 상담해주는 직업인도 나타났으며 인터넷 공간상에서 고인이 생전에 남긴 글을 지워주고 댓글 등을 관리해주는 디지털 장의사도 새로이 나타나고 있습니다. 컴퓨터와 인터넷 환경을 이용하여 게임을 전문적으로 하는 프로게이머들이 나타나면서 e-sports라는 새로운 스포츠가 생기기도 했습니다.

2) 온라인과 오프라인의 융합

과거에는 온라인과 오프라인의 구분이 명확했던 것 같습니다. 선생님이 계신 곳에 가서 강의를 듣고 극장에 가야만 영화를 볼 수 있었습니다. 지식의 습득은 주로 책이나 신문 등을 통해서 이루어졌습니다. 과거에는 실제 공간에서 가능했던 일이 오늘날에는 온라인과 오프라인에서 동시에 충족되는 경우가 많습니다. 강의와 영화감상은 교실이나 극장에 가지 않아도 집에서 온라인강의로 들을 수 있으며 IPTV 혹은 모바일을 통해 감상이 가능합니다. GPS와 그래픽기능 그리고 카메라와 음성인식 등의 기능을 갖춘 일종의 '컴퓨터'인 스마트폰을 갖고 있는 사람이 이를 통해 영화 및 음악 감상, 수강, 상품/서비스 주문, 정보습득 등을 하는 것이 너무나 자연스러워졌습니다. 이러한 흐름에 맞추어서 'O2O(Off-Line to On-Line)'서비스를 기획하는 새로운 비즈니스 모델이 생기고 있습니다.

어느 지역을 가고 있는데 여러분이 가지고 있는 스마트폰에서 인근 지역의 음식점 혹은 제과점 등에서 할인을 받을 수 있는 쿠폰을 제공해주거나 이벤트를 진행하고 있다는 정보를 알려준 경험이 있을 것입니다. 스마트폰과 모바일의 위치정보기술의 발전, 온라인과 오프라인의 융합 서비스 개발자의 증가 등은 O2O서비스가 널리 확산될 수 있는 원동력입니다. 이러한 O2O서비스는 그 적용범위가 무궁무진합니다. 독거노인이 사는 집안에 움직임을 감지할 수 있는 센서를 통해 노인의 생활을 살피고, 만약 독거노인의 움직임이 오랫동안 없는 것으로 인식되면 건강관리센터에서 사람이 직접 찾아가 살피는 서비스 등이 O2O서비스의 예입니다.

Off-Line에서 행해지는 서비스에 대한 심층 이해를 토대로 사람들의 소비활동, 일상생활 등에서 On-Line과 결합하여 더 소비를 촉진시키고 제공되는 서비스를 더 편리하게 만들 수 있도록 고민하기 위하여 모바일 기술, 위치정보 기술 등 ICT 기술을 통해 어떻게 구현될 수 있는지 기획하고, 일련의 서비스 프로세스를 구성합니다. 예를 들어, 자동차를 렌트할때도 스마트폰에 앱을 이용하여 예약을 하고 렌트카를 사용할 때는 예약자의 스마트폰을 자동차 키로 사용하고 사용 후에 정해진 장소에 반납하면 운행거리에 따라 자동으로 사용요금이 과금되는 방식은 기존의 렌트카를 빌리고 반납하는 과정과 혁신적인 차이가 있습니다. 이제 일반화된 스마트폰을 통해 소비자는 다양한 정보를 수집할 수 있을 뿐 아니라 오프라인에서 제공받던 서비스를 스마트폰을 통해 받을 수 있습니다.

[그림] 모바일 앱을 통해 자동차 렌트 장소와 차종 등을 예약하는 O2O 서비스

O2O서비스는 ICT 기술이 서비스 산업과 융합하여 새로운 서비스 가치를 창출하는 4차 산업혁명의 대표적 분야입니다. O2O 서비스는 다양한 분야로 진출되고 있으며 많은 새로운 서비스를 만들어 내고 있습니다.

3. 미래의 유망 직업 및 사양 직업

인공지능, 사물인터넷, 빅데이터 등은 현존하는 일자리에 차별적으로 영향을 미칠 수 있습니다. 영향을 많이 받는 직업도 있고 적게 받는 직업도 있으며 그 영향이 일자리 기회를 더 확대하고 종사하는 사람의 위상이 더 높아지는 긍정적 방향일 수도 있고 일자리를 감소시키는 부정적 영향일 수 있습니다.

1) 유망 직업

인공지능 등으로 기존 직업 중에서 더 일자리가 늘어나고 전망이 좋아질 직업을 설명하겠습니다. 향후 어떤 직업이 유망할 것인가를 예측하는 일은 쉽지 않은 일입니다. 직업의 생성과 성장은 요즘 한창 이슈가 되고 있는 사물인터넷, 인공지능, 빅데이터와 같은 첨단 기술뿐만 아니라 정부의 정책, 인구구조의 변화, 구성원의 의식, 기후변화, 사회경제적 상황 등이 복합적으로 상호작용하여 영향을 미치기 때문입니다.

그러나 4차 산업혁명 시대에는 사물인터넷, 클라우드, 드론, 모바일, 자율주행자동차, 가상현실, 로봇, 생명공학, 인공지능 등의 첨단 기술의 발전이 가속화될 것입니다. 따라서 이와 관련된 기술을 적용하고 활용하는 첨단 분야에서 일자리 기회가 많이 생길 것으로 기대됩니다. 4차 산업혁명은 제조, 생산, 유통 그리고 서비스 등에 ICT가 결합되어 지금과는 다른 방식으로 변화가 나타나는 것을 의미합니다. 정보를 디지털화해서 저장하기 위해서는 센싱 기술, 데이터베이스 구축 그리고 무선통신 관련 인력이 더 많이 필요하며 새로운 사업 모델을 만들기 위한 플랫폼과 시스템을 구축하기 위한 ICT 인력 그리고 점차 증가하는 정보의 보안을 담당하는 사람들을 더 필요로 할 것입니다.

또한 4차 산업혁명의 시대에는 어려운 사람을 돌보고 삶의 질을 개선하는데 기여할 수 있는 직업이 유망할 것입니다. 4차 산업혁명 시대에는 첨단과학이 발달하면서 양극화가 심해지고 상대적으로 소외되고 어려운 사람들이 많아질 수 있으므로, 이들을 돌보고 삶의 질을 개선하는 분야에서 일자리 기회가 더 많아질 것입니다. 즉, 복지, 공공의 안전, 삶의 질 향상, 날로 다양해지는 개인의 욕구 충족과 관련된 분야에서 새로운 일자리 기회가 더 많아질 것입니다.

기존 직업 중 4차 산업혁명으로 더 좋아질 직업을 몇 개 제시하겠습니다. 기존 직업 중 유망한 첫 번째 소개 직업은 응용소프트웨어개발자입니다. 응용소프트웨어는 워드프로세서, 스프레드시트, 웹브라우저, 회계관리 프로그램, 등 컴퓨터에서 특정 목적을 위하여 사용하는 거의 모든 프로그램을 말합니다. 컴퓨터가 아닌 스마트폰에서 실행되는 앱도 응용소프트웨어에 해당합니다.

학자들은 소프트웨어 중심 사회가 앞으로 더욱 가속화, 심화될 것이라 보고 있습니다. 4차 산업혁명 시대에 새로운 사업 모델을 적용하고자 할 때 응용소프트웨어 개발자가 약방의 감초 같은 역할을 합니다. IT 기술은 건설, 교육, 도소매업, 사업서비스업, 문화예술, 공연, 방송, 농업 등의 분야에 적용되고 있으나 향후 4차 산업혁명이 확산되면 ICT 기술이 더욱 중요해질 것이고 ICT 중에서 소프트웨어의 비중이 높으므로 이 전문가의 입지가 강화될 것입니다.

4차 산업혁명 시대에 온라인과 오프라인의 장벽이 없어지고 공유 경제가 더욱 확산되고 있습니다. 유휴 공간을 숙박 장소로 제공하고 싶어 하는 개인집 소유자와 값싸고 차별화된 여행을 원하는 여행객을 중개해주는 Airbnb와 같은 서비스가 제공이 되려면 숙박중개를 위한 사이트가 있어야 합니다. 숙박할 수 있는 장소를 둘러보고 선택을 한 후에 결제까지 이루어지는 사이트를 구축하려면 응용소프트웨어개발자가 필요합니다. 공유하고자 하는 제품이나 서비스 그리고 고객 등의 특성 등을 고려하여 공유경제를 적용하려면 소프트웨어의 개발이 필수적이라고 할 수 있습니다. 또한, 카카오톡과 같은 SNS을 이용하여 인근에 있는 택시를 호출하는 서비스와 같이 온라인과 오프라인을 유기적으로 연계하려 해도 소프트웨어가 필요합니다. 이제 농사를 지을 때도 소프트웨어가 필요합니다. 농작물이나 가축을 키우는 비닐하우스 혹은 사육장의 생육 상황(Co2, 온도, 습도 등)을 스마트폰으로 모니터링하고 이를 제어하려면 사물인터넷도 필요하지만 이를 구현할 수 있는 소프트웨어가 필요합니다.

4차 산업혁명 시대에 모바일 환경, 클라우드 서비스, 소셜네트워킹, 빅데이터 분석을 가능하게 하고 이에 대비하려면 응용소프트웨어의 시장이 더 확대될 것입니다.

응용소프트웨어개발자	로봇공학자
	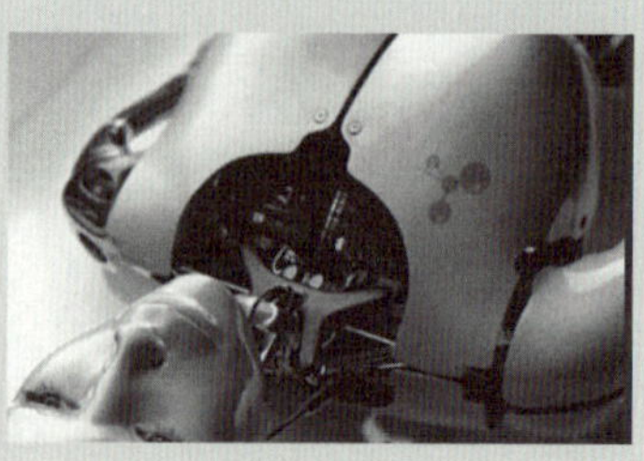

기존 직업 중 유망한 두 번째 소개 직업은 로봇공학자입니다. 로봇이란 인간과 비슷한 형태를 가지고 걷기도 하고 말도 하는 기계 장치 혹은 어떤 작업이나 조작을 자동적으로 하는 기계 장치입니다.

로봇은 산업용 로봇, 가정용 전자전기 기기(청소용 로봇) 그리고 장난감 로봇 등으로 구분되나 현재는 ICT와 콘텐츠가 결합되어 지능형 로봇으로 발전하고 있습니다. 지능형 로봇은 외부 환경을 스스로 탐지하고 판단해 필요한 작업을 자율적으로 실행하는 로봇입니다.

로봇공학자는 로봇을 연구하고 제작하는 일을 합니다. 앞으로 로봇시장이 더 크게 열릴 것은 자명해 보입니다. 로봇을 활용하는 분야가 기존의 수요처인 제조업체, 전자회사, 완구업체뿐 아니라 의료, 국방, 환경, 실버, 개인서비스, 교육, 엔터테인먼트 등으로 더욱 확대될 것이기 때문입니다.

자동차나 가전제품의 반복적 조립업무 그리고 열악한 조건에서의 용접업무와 같은 일을 하는 산업현장 곳곳에서 로봇은 인간의 힘든 일을 대신해주고 있습니다. 4차 산업혁명 시대에 스마트 팩토리가 실현되기 위해서도 산업용 자동화 로봇이 절대적으로 필요합니다.

의료 분야에서도 로봇은 맹활약을 하고 있습니다. 최소 절개를 하고 복잡한 수술을 원활히 수행할 수 있도록 도와주는 것이 다빈치 로봇입니다. 비뇨기과, 산부인과, 외과, 비뇨기과, 심장, 흉부외과 등의 여러 수술에 이용되고 있는데, 고화질 영상으로 확대된 시야를 제공하고 의사의 손 움직임을 환자 체내의 소형 기구로 전달해 수술합니다.

4차 산업혁명 시대에는 사람의 외형이나 행동을 닮은 더 똑똑해진 지능형 로봇의 확산이 기대됩니다. 일본에서는 소프트뱅크의 페퍼가 매장이나 기관을 방문하는 고객에게 사람을 대신해 정보 제공, 길 안내, 주문 접수, 외국어 대응 등의 서비스를 제공하고 있습니다. 지능형 로봇 중 향후 가장 큰 시장을 이룰 것으로 전망되는 분야는 엔터테인먼트 로봇입니다. 엔터테인먼트 로봇이란 인간과의 상호작용을 통해 인간에게 즐거움을 제공해 줄 수 있는 로봇이며, 그중에서도 소셜 로봇은 인간과 대화하고 교감하는 감성 중심의 로봇을 의미합니다.

세 번째 소개할 기존 유망직업은 생명과학연구원입니다. 생명과학이란 생명에 관계되는 현상이나 생물의 여러 가지 기능을 연구해서, 의료나 환경 보존 등 인류복지에 응용하는 학문입니다.

생명과학이 IT, NT 등과 융합하여 인체의 신비를 밝히고 건강을 증진시키는 방식으로 발전하고 있습니다. 유전자의 구조를 밝히는 비용은 줄고 절차는 간단해지고 있습니다. 우리 건강에 도움이 되는 유전자는 활성화시키고 질병을 유발하는 유전자는 억제하는 유전자 기술도 점차 발달하고 있습니다. DNA의 데이터를 기록하여 유기체를 제작할 수 있는 기술이 개발되면서 심장병, 암 등 난치병 치료를 위한 의학 분야에 직접적인 영향을 줄 수 있을 것으로 기대되고 있습니다. 개인의 바이오 데이터들이 축적되어 개인별 맞춤의료 서비스와 표적치료법도 가능하게 되었습니다. 향후 고령화 등의 인류난제를 극복하기 위한 핵심 기술이 생명과학이므로 이 분야에서 점차 더 많은 인력을 필요로 할 것입니다.

생명공학전문가

정보보안전문가

네 번째 유망한 기존 직업은 정보보안전문가입니다. 정보보안이란 컴퓨터상에서 정보의 수집, 가공, 저장, 검색, 송신, 수신 도중에 정보의 훼손, 변조, 유출 등을 방지하기 위한 관리적, 기술적

방법을 의미합니다.

컴퓨터에 저장된 기업의 기밀문서가 해커에 의해 외국 경쟁사의 기업으로 빠져나가거나 은행의 통장 잔고가 해커에 의해 뒤바뀐다면 어떠할까요? 이후의 상황은 상상조차 하기 싫을 정도로 이는 심각한 결과를 초래할 것입니다. 그래서 개인정보를 다루는 기업에서는 개인정보의 침해를 막기 위하여 정보보안에 총력을 기울이고 있습니다.

고객 정보가 집단으로 유출되면 그 회사는 소비자로부터 비난은 물론이고 막대한 비용을 물어주어야 하는 소송에 휘말릴 수 있습니다. 기업에서는 이제 단순한 정보보호의 차원이 아닌 총체적 위험관리를 위해 정보보안전문가를 확보하고자 노력하고 있습니다.

4차 산업혁명 시대에는 사물인터넷, 클라우드, 빅데이터, 모바일 등의 기반 기술의 확산에 따라 정보보안의 중요성이 더욱 높아질 것입니다. 본격적인 사물인터넷 시대가 오면 모든 것이 네트워크로 연결되는 생활환경에서 보안 문제가 더욱 중요해질 것입니다. 또한 최근에는 클라우드 서비스를 제공하는 업체가 증가하고 있습니다. 사용자가 직접 IT 자원을 소유하지 않고 접속 단말기를 통해 언제 어디서나 접속하여 IT 자원을 사용할 수 있는 장점을 가지고 있으며 IT 비용의 절감 효과도 얻을 수 있으나 보안 걱정이 증대되고 있습니다. 클라우드를 이용하는 개인 이용자는 개인정보, 개인에 대한 감시, 개인 데이터 갈취 등의 문제가 발생할 수 있으므로 안정적인 서비스 이용을 위한 보안전문가를 필요로 하고 있다.

스마트폰과 같은 모바일의 대중화로 언제 어디서나 컴퓨팅을 구현할 수 있는 유비쿼터스 환경이 확대되면서 일상에서 더욱 편리한 서비스를 제공받고 있습니다. 그러나 이것을 역으로 생각해보면 '누구든지, 언제, 어디서나 나의 정보가 침해되고 불법으로 유출, 유포될 수도 있는 위험에 노출되어 있다는 것을 의미하기도 합니다.

위에서 설명한 직업 이외에도 빅데이터분석과 관련된 수학자/통계학자, 어려운 사람과 정신건강을 책임지는 사회복지사와 정신건강상담전문가, 반려동물을 다루는 수의사와 같은 직업도 유망할 것으로 예상됩니다.

2) 위기직업

위기 직업의 특징은 인공지능이나 자동화에 의해 대체가 용이할 정도로 정형화되고 반복적인 업무를 주로 수행한다는 것입니다. 데이터의 양이 많더라도 결정해야 할 일이 단순하거나 여러 번 반복해야 되는 일이라면, 이러한 일을 하는 직업인의 대체 가능성은 높다고 할 수 있습니다. 특정 사이트의 내용을 보고 음란물을 포함하고 있는지를 판단하는 일, 환자의 영상 사진을 보고 암이 있는지 여부를 판단하는 일, 조립되는 제품의 상태를 보고 불량품 여부를 판단하는 일 등은 인공지능으로 대체될 가능성이 높은 일입니다.

위기 직업의 두 번째 특징은 해당 직업의 업무를 인공지능이나 자동화하는 데 소요되는 경비가 인건비보다 더 싸다는 점입니다. 기술적으로 인공지능이나 ICT를 적용했을 때 비용과 편익(benefit and cost) 측면에서 유리한 직업은 대체되기 용이하여 위기직업에 속할 수 있습니다. 자동화나 인공지능으로 대체하는 것이 기술적으로 가능하더라도 인건비가 적게 드는 직업은 인건비가 많이 드는 직업보다 대체될 가능성이 더 낮습니다. 이러한 이유 때문에 4차 산업혁명 시대에는 단순 노무직보다 지식노동자의 업무가 더 위험할 수 있습니다.

위기 직업의 세 번째 특징은 인공지능이 사람보다 더 뛰어나게 잘 할 수 있는 업무로 구성되어 있다는 점입니다. 인공지능 등이 인간을 대체했을 때 인간보다 더 뛰어난 수행을 보여야만 인간의 일자리를 대체할 수 있습니다.

첫 번째 위기 직업은 콜센터 직원(고객상담원)입니다. 고객상담원과 텔레마케터의 하는 일중에 고객의 문의에 대하여 답변하는 일의 비중이 높습니다. 구매한 컴퓨터의 인터넷이 연결이 안 되거나 화면의 설정이 변경되는 경우처럼 해결책이 정형화되어 있고 고객이 궁금해 하는 내용에 대한 답변이 정해져 있는 경우가 많습니다. 상품의 주문이나 배송처리 예약도 정형화된 일이라고 할 수 있습니다. 과거의 데이터나 답변 이력을 분석하면 고객의 민원이나 문의 사항에 대해서 답변이 가능합니다. 고객의 질문 중에 지금까지 제기되지 않은 새로운 질문도 있겠지만 콜센터를 수년간 운영하면서 고객이 궁금해 하는 내용과 정해진 답변이 데이터베이스화되어 있다면 사람이 굳이 하지 않아도 첨단 ICT 기술이나 인공지능을 통해 답변이 가능합니다.

챗봇이란 채팅하는 로봇으로, 정해진 응답 규칙에 따라 사용자 질문에 응답할 수 있도록 만들어진 인공지능 기반의 소프트웨어입니다. 사용자가 메신저 대화창에 특정한 메시지를 입력하면 해당 메시지에 적합한 응답을 해달라고 자동응답을 요청하는 방식으로 서비스가 이루어집니다. 챗봇은 가장 빠르고 쉬운 인공지능의 대중화를 보여줄 것으로 전망되고 있습니다. 이 챗봇을 이용하면 ARS 서비스나 콜센터, 고객 상담 창구를 이용할 때의 대기시간, 운영 시간, 개인정보 보호 등의 문제점을 해결해줄 수 있고 기업은 인건비 지출을 줄이면서도 소비자에게 개인 맞춤형 서비스를 24시간 제공할 수 있다는 장점이 있을 수 있습니다.

로보텔러는 메신저 기반이 아니라 음성인식에 기반을 두어 고객의 질문에 답변하는 인공지능 기반의 서비스입니다. 챗봇은 상용화 단계이지만 로보텔러는 연구개발 중입니다. ARS 기술을 넘어서 인공지능 기반의 음성인식에 기초하여 고객의 문의 내용에 답변하는 서비스가 확산되면 콜센터 직원은 지금보다 더 위기 직업이 될 것입니다.

콜센터 직원	생산 및 제조 관련 종사원

두 번째 위기 직업은 생산 및 제조 관련 종사원입니다. 생산 및 제조 관련 종사원은 공장과 같은 제조업체에서 물건을 만들어 내기 위하여 제품을 운반하여 작업장에 위치시키거나 혹은 조립하거나 혹은 만든 제품의 불량 여부를 검사하는 일을 수행합니다. 스마트팩토리 때문에 생산 및 제조 관련 단순 종사원의 일자리가 위험할 수 있습니다.

아디다스는 외국에 있던 신발 제조 공장을 독일로 이전하면서 로봇 생산 기반의 자동화 시스템을 갖춘 '스피드팩토리'를 설립했습니다. 스마트팩토리는 공장에서 눈에 보이는 일하는 사람의 수를 줄였습니다. 중국과 베트남에 있을 때 아디다스 공장은 평균적으로 이 공장을 운영하는 데 600명이 필요하였지만 공장이 독일 본사로 들어오면서 외국에 있을 때 생산하던 동일한 개수(50만 켤레)의 신발을 만드는 데 10명이면 충분합니다. 스피드팩토리는 자동화 로봇을 통하여 물건을 나르고 조립하며 불량품 여부를 식

별하는 "비전"이라는 이미지 판독 시스템을 통하여 제품의 불량 여부를 검사하던 사람의 수를 대폭 줄일 수 있었던 것입니다.

향후 스마트팩토리는 더 활성화될 것입니다. 생산성이 증가하고 불량률은 감소하며, 에너지 사용량이 줄어들고 소비자의 개인별 욕구를 맞춤형으로 충족할 수 있기 때문입니다. 이에 따라 공장에서 물건을 조립하고 자동화라인에 물건을 실어 나르고 그리고 눈으로 불량품 여부를 검사하는 일을 하는 직업은 위기 직업이 될 것입니다.

세 번째 위기 직업은 금융계 사무원입니다. 이 중에서도 은행텔러(출납창구사무원), 투자분석가, 증권중개인 그리고 보험인수심사원의 업무가 인공지능으로 대체될 수 있습니다.

핀테크로 은행창구에서 근무하는 사람이 점차 줄고 있습니다. 이제 은행을 가지 않아도 예금 및 출금, 신규 가입 및 해지, 공과금 수납 등을 이전보다 더 쉽게 할 수 있습니다. 국내 최고의 SNS 서비스 업체인 카카오는 점포 없이 은행 업무를 할 수 있는 카카오뱅크를 2017년 7월 시작한지 2년 만에 1,000만 명의 사용자를 확보하였습니다. 통장의 구좌 개설, 대출 신청 등을 영업지점에 가지 않고 모두 모바일로만 진행하는 것이 가능해져 편리하기 이를 데 없습니다. 기존 은행에 비해 대출이자는 낮고 예금이자는 높습니다. 시중은행에 비해 서비스의 질을 높일 수 있는 가장 큰 이유는 인터넷전문은행이 실물 지점이 없어 임대료가 없고 여기에서 근무하면서 고객에게 서비스를 하는 은행원을 고용하지 않아도 되기 때문입니다. 실제 몇 년간 시중은행 지점 수는 계속 감소하고 있습니다. 2013년 주요 은행의 지점수는 4,134개에서 2017년 3,363개로 5년 사이에 18.7%로 그 수가 줄어들었는데, 이러한 은행 지점 감소는 더 가파르게 진행될 것으로 예상합니다.

국내 주요 은행의 지점 수

은 행	2013년말	2014년말	2015년말	2016년말	2017년말
우리	880	874	842	780	765
신한	837	798	797	763	739
한국 SC	285	239	212	212	204
외환	325	313	–	–	–
한국 씨티	186	129	129	129	39
국민	1,031	1,036	1,017	1,003	919
하나	590	573	854	786	697
시중 은행	4,134	3,962	3,851	3,673	3,363

출처: 은행통계연보(2018년판).

공인인증서가 없거나 상대방의 계좌번호를 몰라도 송금할 수 있게 되었고, 은행을 방문하지 않고도 대출과 적금서비스를 받을 수 있습니다. 신용카드와 교통카드는 스마트폰 속으로 들어가고, 자신의 지문 혹은 홍채를 입력하면 금융 거래 중의 보안 위험도 감소시킬 수 있습니다. 향후 핀테크가 더욱 활성화되면서 은행 창구 직원의 수는 감소할 가능성이 큽니다.

빅데이터와 인공지능의 영향으로 시황분석, 증권거래 그리고 보험인수심사 등의 업무 또한 위험합니다. 증권회사나 투자자문 회사의 주식 트레이더 혹은 투자분석가는 투자자들에게 어떤 종목의 주식이나 투자 상품이 좋을지를 제안했었습니다. 그러나 이제 인공지능이 투자분석과 증권 중개 업무를 대체하고 있습니다. 골드만삭스는 주식 트레이더를 600명에서 2명으로 줄였고, 임직원 4분의 1을 컴퓨터 기술자로 교체했습니다. 투자분석이나 증권 중개를 이제 사람이 하는 시대는 끝났고 수학적 원리와 컴퓨터소프트웨어가 담당하는 시기가 되었습니다. 골드만삭스와 같은 투자자문회사가 IT회사로 전환을 시도하는 것 같습니다.

금융권 종사자 중에 보험인수심사원도 위기의 직업입니다. 보험인수심사원은 보험계약을 의뢰한 사람의 인적 특성이나 과거의 자료를 보고 보험계약을 하게 되면 회사가 손해를 볼 위험을 판단하여 보험의 인수 여부를 결정하는 사람입니다. 보험가입자의 특성과 보험지급 내역에 대한 데이터가 축적이 되어 있다면 인공지능이 빠르게 회사의 손실 가능성을 계산하여 일정 수준 이상의 위험이 있는 경우에 보험의 가입을 거절할 수 있습니다. 옥

스퍼드대학의 프레이와 오스본은 보험인수심사원을 컴퓨터에 의해 대체될 가능성이 가장 높은 직업 중의 하나로 꼽았습니다.

네 번째 위기 직업은 번역가·통역가입니다. 기계학습과 음성인식 등의 영향으로 컴퓨터의 번역 및 통역 성능이 증대되고 있습니다. 과거 외국어를 우리말로 혹은 우리말을 외국어로 번역하는 프로그램의 번역 결과는 상당히 실망스러웠습니다. 도대체 무슨 이야기를 하는지 모를 정도로 문맥도 부자연스럽고 혹은 잘못된 번역도 많아 과거의 번역기는 어색함의 대명사였습니다. 그러나 기계학습을 하는 인공지능의 영향으로 번역의 수준이 점차 향상되고 있습니다.

구글과 네이버는 새로운 번역 기술인 인공신경망 번역(NMT: Neural Machine Translation) 기술을 사용하고 있습니다. 인공신경망 번역이란 기계 번역의 한 종류로 기존 번역기와 달리 문맥을 파악할 수 있어 자연스럽고 정확한 번역이 가능합니다. 또한 이 인공지능은 스스로 학습하여 번역을 수행하므로 입력되는 데이터가 많아질수록 번역은 정교해집니다.

영화 '설국열차'에는 주연 배우 송강호가 통역기에 대고 우리말로 이야기하는 것을 바로 영어로 통역해 주는 장면이 나옵니다. 아직 원하는 외국어를 자유자재로 통역해 주는 완벽한 통역기는 없습니다. 그러나 이런 상황이 현실이 될 수 있을 것으로 생각하는 사람들이 많습니다. 현재 단순한 문장이나 의사소통을 위한 대화를 위해 통역기를 사용할 수 있습니다. 인공지능과 음성인식이 지금보다 더 발전하면 실시간으로 이루어지는 자유자재의 통역이 약 10년 안에 가능하다고 생각하는 사람이 많습니다.

제6장

미래 사회

1. 5차 산업혁명과 미래 생활세계

미래 삶의 세계와 직업세계가 변하고 습니다. 그동안 인간은 오프라인세계에서만 살아왔습니다. 오프라인세계를 구성하고 있는 인간과 사회와 자연 속에서 살아 왔습니다. 학문은 인간세계와 자연세계를 탐구하면서, 인문과학, 사회과학, 자연과학으로 발달하였습니다.

〈생활세계의 변화〉

<table>
<tr><th colspan="2" rowspan="2">존재적 측면</th><th colspan="4">생활세계 측면</th></tr>
<tr><th>개인</th><th>사회</th><th>자연</th><th>기계
(인공지능)</th></tr>
<tr><td rowspan="2">학생
(Being)</td><td>Off–line
(현실세계)</td><td>O</td><td>O</td><td>O</td><td>New</td></tr>
<tr><td>On–line
(가상세계)</td><td>New</td><td>New</td><td>New</td><td>New</td></tr>
</table>

그러다가 컴퓨터가 생기고 인터넷이 연결되면서 온라인세계가 등장하였습니다. 인터넷이 시작될 때만 해도 온라인세계는 잠시 방문하는 정도였으나, 지금은 컴퓨터와 네트워크 성능이 대폭 향상되어 우리가 온라인세계에 머무는 시간이 늘어났습니다. 거기에 최근 코로나 사태 이후 언택트 사회가 오면서 온라인 쇼핑, 온라인 교육, 온라인 영화감상, 온라인 여행 등 온라인에 머무는 시간이 훨씬 많이 늘어나게 되었습니다.

크리에이티브 커먼즈 라이선스

알파세대는 현재보다 온라인세계에 머무는 시간이 훨씬 많이 늘어나는 세대, 오프라인세계와 온라인세계를 넘나들며 사는 세대가 될 것입니다. 오프라인세계에서 부모, 친구, 교사를 만나고, 온라인세계에 들어가면 부모와 교사는 없지만 또 다른 친구, 온라인 커뮤니티를 만나며 살게 됩니다. 삶의 세계가 다양해지고 복잡해지고 있습니다.

지난 10년은 스마트폰이 전 세계인의 삶을 지배하였습니다. 스마트폰의 보급은 모바일세계가 일상화된 것을 의미합니다. 아날로그 방식의 삶이 약화되고, 디지털화된 삶이 지배하는 시대가 온 것입니다. 스마트폰을 기반으로 하는 모바일세계는 알파세대의 미래 일상을 지배하게 될 것입니다. 스마트폰의 기능이 더욱 다양화되면서 스마트폰에 의존하는 시간이 더욱 늘어날 것입니다.

최근 전염병이 발생하면서 온라인과 오프라인세계가 연결되는 O2O 세계가 본격적으로 열렸습니다. 오프라인과 온라인세계, 오프라인과 모바일세계가 연결되면서 움직이고 있습니다. 스마트폰으로 배달을 하는 것이 대표적인 형태입니다. 오프라인 매장들이 손님이 줄면서 온라인화되고 있습니다.

모바일세계, O2O세계 다음에는 가상현실이 기다리고 있습니다. 온라인세계, 모바일세계는 현재 모든 세대들이 공유하는 디지털 삶의 방식입니다. 그러나 가상현실의 주인공은 알파세대가 될 것입니다.

크리에이티브 커먼즈 라이센스

알파세대는 가상현실이 대중화된 세계에서 사는 첫 번째 인류가 될 것입니다. 알파세대는 헤드셋이나 스마트 글라스를 끼고 가상의 현실 속에서 전 세계 어디든지 갈 수 있고, 원하는 다양한 체험을 할 수 있게 될 것입니다. 수많은 가상 앱이 알파세대를 유혹할 것입니다.

동시에 알파세대는 증강현실이 대중화되는 경험을 하는 첫 번째 인류가 될 것입니다. 증강현실은 현실에 가상을 덧입힌 것입니다.

증강현실은 오락, 교육, 의료 등 산업 전반에서 우리의 삶을 대단히 편하게 해줄 것입니다.

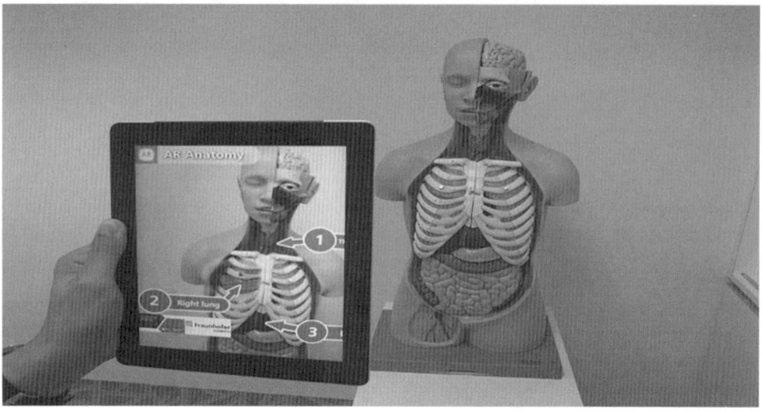

크리에이티브 커먼즈 라이센스

마지막으로 알파세대는 혼합현실도 경험하게 될 것입니다. 혼합현실은 실제현실, 가상현실, 증강현실이 모두 혼합된 상태를 말합니다. 현실세계와 가상세계가 구분하기 어려울 정도로 우리의 생활세계로 다가오는 것이지요.

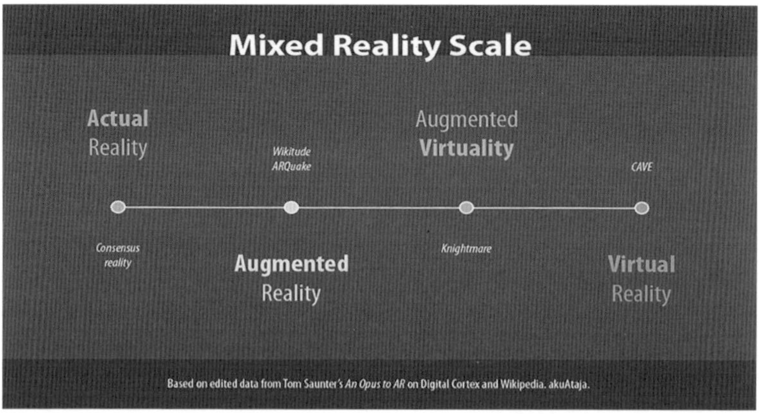

크리에이티브 커먼즈 라이센스

SF 영화에서 보여지는 세계가 구현될 것이고, 알파세대는 그러한 세계 속에 살게 되는 첫 번째 인류가 될 것입니다.

이렇게 알파세대는 5차 산업혁명 시대에 다변화되는 융합세계 속에서 살아가게 될 것입니다. 오프라인세계, 온라인세계, O2O세계, 모바일세계, 가상현실세계, 증강현실세계, 혼합현실세계 등 상상할 수 없는 시대가 목전에 다가왔습니다.

〈알파세대의 미래 삶의 세계〉

삶의 세계		주요 특징
아날로그 세계	오프라인	
디지털 세계 (컴퓨터 세계)	온라인	– 컴퓨터/인터넷 – 온라인 커뮤니티/교육/쇼핑 등 – 텍스트/이미지/영상
	모바일	– 스마트폰 – No Line 디지털 활동 – 텍스트/이미지/영상
	가상현실	– 헤드셋/스마트 글라스 – 가상에서 만나는 현실세계 – 현실에 없는 상상의 세계 – 이미지/영상
	증강현실	– 육안으로 현실/가상 경험 – 현실과 가상의 만남 – 이미지/영상
	복합현실	– 현실/가상현실/증강현실의 혼합 – 홀로그램 – 이미지/영상

‘사람’과 ‘삶’은 어원이 같습니다. 사람은 살아가는 존재라는 것이지요. 따라서 삶의 세계가 변한다는 것은 사람이 변한다는 것과 같습니다. 생활이 달라지고, 가치가 달라지고, 윤리가 달라지고, 공부하는 것이 달라지고, 여가생활이 달라진다고 할 수 있습니다.

특히 공부하는 방식의 큰 변화가 예상됩니다. 이미 온라인교육은 대세가 되고 있습니다. 이전에 익숙하던 인터넷 강의가 더욱 확산될 것입니다. 온라인 맞춤형 교육도 더욱 확대될 것입니다. 또한 오프라인과 온라인이 연결되는 블렌디드 러닝도 확대될 것입니다. 미래에는 가상현실을 기반으로 하는 교육 방식이 대세가 될 것입니다. 알파세대는 가상현실 기반 교육과 증강현실 기반 교육에 매우 흥미로워 하고 좋아할 것입니다.

지금까지 교육의 언어는 텍스트 였습니다. 그러나 알파세대의 언어는 텍스트 언어와 더불어 이미지 언어, 영상 언어가 될 것입니다. 이미지와 영상을 기반으로 하는 교육이 확대될 것입니다. 이는 텍스트를 기반으로 하는 소통과 교육에 위기를 가져올 수도 있습니다. Z세대에서는 벌써부터 깊이 있고 체계적인 사고 훈련이 어렵다는 점, 장시간의 집중이 어려워지고 있는 점, 아날로그와 디지털의 균형이 깨지고 있는 점 등의 문제점이 발견되고 있습니다. 이러한 문제점은 알파세대에게는 더욱 큰 문제로 나타날 수 있기 때문에 앞으로 주목할 필요가 있다고 생각합니다.

사람은 언어를 기반으로 사고하는 존재이기 때문에 텍스트 교육도 중요합니다. 텍스트를 기반으로 하는 언어 교육과 이미지 및 영상을 기반으로 하는 비언어적 교육의 조화와 균형을 어떻게 이루어야 할지 우리의 고민이 시작되고 있습니다.

변화되는 생활세계는 알파세대의 미래 직업세계를 변화시킬 것입니다. 미래의 직업이 오프라인세계에만 있다고 생각하는 것은 어른들의 고정 관념입니다. 미래의 직업은 오프라인세계, 온라인세계 그리고 온라인과 오프라인이 연결되는 O2O세계에서 찾을 수 있습니다. 또한 가상현실, 증강현실, 혼합현실과 관련된 수많은 직업이 탄생할 것입니다. 미래세대가 오프라인세계, 온라인세계, O2O세계, 가상현실, 증강현실, 혼합현실 등을 이해하고 사회 각 분야에서 유능한 직업인으로 살아가도록 지원하는 것이 중요하다고 할 수 있습니다.

2. 온라인 사회

최근 코로나19 사태의 영향으로 언택트 문화가 확산되고 있습니다. 사람 간의 접촉은 피하거나 최대한 줄이는 것이 권장되고 있습니다. 더불어 집에서 머무는 것이 미덕으로 권장되고 있습니다.

크리에이티브 커먼즈 라이센스

오프라인 생활세계는 축소되고, 온라인 생활세계가 확장되고 있습니다. 인류 역사 이래 처음으로 공간의 개념이 바뀌고 있는 것입니다. 보이는 세계에서 활동하는 것이 아니라, 보이지 않는 세계에서 관계를 맺고 활동하는 것이 늘어나고 있는 것인데요, 즉 온라인 공간이 대폭 확대되고 있다고 할 수 있습니다.

코로나19 사태가 시작되기 이전에도 온라인 활동이 이미 활발히 이루어지고 있었습니다. 대표적인 것이 온라인 쇼핑인데요, 그동안 온라인 쇼핑은 크게 확대되고 있었습니다. 오프라인 매장의 매출액은 지속적으로 줄어들고 있고, 일부 대형매장은 적자를 보고 있습니다. 전염병 사태는 이러한 흐름을 더욱 촉진하는 계기가 되고 있는데요, 이제 오프라인 매장은 생존의 갈림길로 내몰리고 있습니다.

배달 역시 마찬가지입니다. 한국의 배달 문화는 전 세계적으로 유명한데요, 외국인이 한국을 방문하고 본국으로 돌아간 후 한국에 대한 향수를 느끼는 중요 요소 가운데 하나가 배달이라고 합니다. 우수한 품질의 음식이 값싸고 빠르게 배달되는 것에 외국인들이 깜짝 놀란다고 합니다. 최근 전염병 사태 이후 배달은 더욱 확산되고 있고, 오프라인 상점들은 큰 어려움을 겪고 있습니다.

이렇게 익숙한 영역 외에도 그 동안 익숙하지 않았던 분야에서도 온라인세계가 확장되고 있습니다.

재택근무가 강제적으로 시작되고 있습니다. 재택근무가 권장되기까지 하는데요, 재택근무를 하지 않더라도 모임이 있는 회의는 가급적 줄이는 형태가 확산되고 있습니다. 재택근무는 앞으로 다가올 1인 노동 사회를 촉진할 것입니다. 알파세대 가운데 상당수가 온라인 근무, 프리랜서 형태의 근무를 경험하게 될 가능성이 높습니다.

전염병 사태 이후 집에 있는 시간이 늘어나면서 눈에 띄는 변화는 넷플릭스 등 OTT 시장의 성장입니다. 온라인 스트리밍으로 영화를 시청할 수 있는 여건이 마련되면서 전 세계적으로 많은 사람들이 OTT 서비스를 이용하고 있습니다.

크리에이티브 커먼즈 라이센스

특히, 넷플릭스를 통해 한국 영화와 드라마가 전 세계에서 큰 인기를 끌고 있습니다. 그러면서 영화를 보러 영화관에 가는 사람들이 크게 줄었습니다. 이미 OTT 시장이 지속적으로 커져 가고 있었는데, 전염병 사태로 그러한 흐름이 촉진되는 계기를 마련하였습니다. 앞으로도 영화관을 방문하는 것은 매력적이겠지만, 집에서 온라인으로 영화와 드라마를 보는 사람은 더욱 늘어갈 것이고, 알파세대 역시 OTT 서비스를 매우 많이 활용할 것으로 전망됩니다.

전염병 사태로 인해 직격탄을 맞은 곳 가운데 한 영역이 공연산업입니다. 공연은 사람과 사람이 만나서 교감을 주고받으며 이루어지는 것인데, 사람들과 만나지 못하는 상황이 되면서 공연계 전체가 큰 타격을 받고 있습니다. 그러면서 새로운 시도가 눈에 띕니다. 온라인 공연입니다. 온라인 공연은 생각하기 어려운 낯선 컨셉인데요, 세계적으로 유명한 가수인 BTS, 슈퍼 M, 트와이스 등 K-pop 가수들이 온라인 공연을 하였습니다. 대면 공연 수준은 되지 못하지만, 높은 관심 속에서 성황리에 이루어졌습니다. 아마도 SNS에 익숙한 Z세대의 특성이 이러한 성공을 거두는 데 기여하였다고 판단됩니다.

박물관과 미술관 역시 대면 관람을 하기 어려워, 온라인 관람 프로그램을 마련하고 있습니다. 온라인 공연, 온라인 관람 등 매우 낯선 영역이 우리 생활 안으로 들어오고 있는데요, 알파세대에게는 이러한 온라인 공연이 익숙한 방식이 될 것입니다.

크리에이티브 커먼즈 라이센스

최근 전염병 사태로 인해 가장 큰 타격을 받은 분야는 여행 산업입니다. 해외여행이 전면 차단되면서 막대한 손실을 입었고, 항공사와 여행사는 큰 타격을 입었습니다. 여행 산업은 언제 다시 회복될지 모르는 상황입니다.

이와 함께 온라인 여행이 앞으로 주목받을 가능성이 높습니다. 컴퓨터로 여행을 다니는 것이죠. 전세계 어디든지 방문할 수 있는 랜선 여행 프로그램이 앞으로 많이 개발될 것이고, 알파세대의 미래 여행은 오프라인 여행과 온라인 여행으로 구분될 것 같습니다.

최근 원격 의료서비스에 대한 관심이 높아지고 있습니다. 미래에는 어느 지역에서든지 온라인으로 의료서비스를 받는 기회가 보편화될 것입니다. 이러한 원격 의료가 그동안에는 사회적 합의가 부족해 시행되지 못하였는데, 전염병 사태가 원격 의료 도입을 촉진하는 계기가 되고 있습니다. 알파세대는 미래에 오프라인 의료서비스와 더불어 원격 의료서비스를 받게 될 것입니다.

코로나19 사태와 더불어 가장 먼저 다가온 것이 온라인 교육입니다. 2021년 2월부터 전염병이 급격히 확산되면서 개학을 어떻게 해야 하는지 큰 고민거리였는데요, 고민 끝에 탄생한 것이 온라인 교육입니다. 온라인 교육에 대한 준비가 제대로 되어 있지 못한 가운데 시급히 진행되다보니 어려움이 많았고, 여전히 어려움을 많이 겪고 있습니다.

그럼 전염병 사태가 종료된 이후에는 어떻게 될까요? 일단, 오프라인 교육으로 돌아갈 가능성이 높지요. 그러나 온라인 교육 역시 더욱 확대될 것으로 보입니다. 학생들이 온라인 교육에 익숙해졌고, 온라인 교육의 장점이 많기 때문입니다.

대학의 경우에도 온라인 대학이 확대될 것으로 보입니다. 이미 유다시티, 코세라 등 미국의 유명 온라인 대학이 수준 높은 교육을 하고 있습니다. 미국의 미네르바 스쿨은 하버드대학보다 경쟁률이 높은 대학으로 유명합니다. 전염병 사태는 온라인 대학이 더욱 확산되는 계기를 마련하고 있습니다.

그리고 미래에는 마이크로 칼리지가 높은 인기를 끌 것입니다. 마이크로 칼리지는 단기간에 교육과정을 이수하고, 나노 디그리를 수여하는 대학을 말합니다. 세계적인 미래학자 레이 커즈와일이 세운 마이크로 칼리지인 singularity university는 현재 큰 인기를 끌며 많은 학생들이 수강하고 있습니다.

알파세대는 평생 배우고 자기 계발을 위한 노력을 해야 도태되지 않고 대접 받는 사회에서 살게 될 것입니다. 알파세대는 평생 학습하며 살아가게 될 것이고, 온라인 교육이 대세가 될 것이고,

더 나아가 알파세대의 미래 가장 훌륭한 스승은 구글과 유튜브가 될 것입니다.

그러기 위해서는 무엇보다 자기주도성이 필요합니다. 온라인 교육은 강요에 의해서보다는 자기주도적으로 참여할 때 효과가 매우 높아집니다. 학습하는 것을 넘어 알파세대의 평생 생활 전체에서 자기주도성이 매우 큰 역할을 하게 될 것입니다.

또한 미래 직업세계에서 온라인을 주목하여야 합니다. 오프라인 직업은 약화되고, 온라인 직업이 더욱 많아질 것이라는 점을 유의할 필요가 있습니다.

3. 오프라인과 온라인이 연결되는 O2O 사회

기존의 세계는 오프라인세계였습니다. 오프라인세계는 이 세상에 태어난 이후 매일 보는 세계인데요, '현실세계'라고 표현하기도 합니다.

1990년대부터 인터넷이 보편화되면서 온라인세계가 등장하였습니다. 최근 전염병 사태 이후 온라인세계가 급격히 확장되고 있습니다.

2000년대 들어와서 오프라인세계와 온라인세계의 연결이 시작됩니다. 인터넷이 발달하면서 온라인 쇼핑이 먼저 시작되었습니다.

세계적인 IT 회사 아마존은 1995년에 온라인 서점으로 시작하였습니다. 처음에는 책과 CD 등을 판매하는 인터넷 온라인 서점으로 시작하여 이후 의류, 전자제품 등 모든 상품을 판매하는 종합 인터넷 쇼핑몰 사이트로 발전했습니다.

이후 오프라인세계로 진출하여 오프라인에서도 제품을 파는 업체로 변신을 하였습니다. 아마존의 인지도와 마케팅 경험을 바탕으로 오프라인 판매를 시작한 것입니다. 2016년 12월 아마존은 amazon go라는 무인판매점을 개점하였습니다.

크리에이티브 커먼즈 라이선스

이후 아마존은 IT회사로 변신을 시도합니다. 아마존 웹 서비스(AWS)라는 클라우드 컴퓨팅 시스템을 구축하여 막대한 매출을 올리고 있습니다.

크리에이티브 커먼즈 라이센스

이후 아마존은 오프라인과, 온라인 모든 영역에서 세계 최대의 회사로 자리매김하게 됩니다. 아마존은 생태계의 포식자로 불리고, 'everything store"라는 별명을 갖고 있기도 합니다.

반대로 오프라인에서 출발하여 온라인으로 들어간 회사도 있습니다. 예를 들어, 이마트는 본래 오프라인 쇼핑몰이었습니다.

이후 온라인세계가 확장되면서 인터넷 쇼핑몰을 만들어 지금은 오프라인과 온라인을 아무르는 쇼핑몰이 되었습니다. 미국의 월마트도 마찬가지입니다. 오프라인 쇼핑몰과 온라인 쇼핑몰을 모두 운영하고 있습니다.

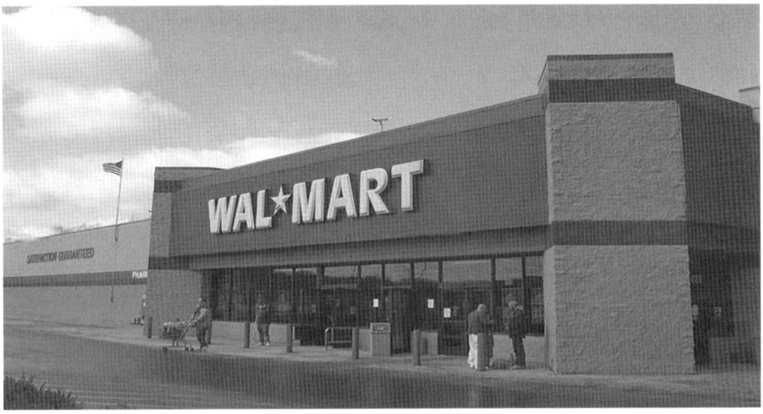

크리에이티브 커먼즈 라이센스

이와 같이 오프라인에서 시작하다가 온라인으로 들어가 오프라인과 온라인이 연결된 것을 O2O라고 부릅니다. 온라인에서 시작하여 오프라인으로 들어간 경우도 O2O라고 부르지요. 이렇게 O2O는 미래 생활세계의 중요한 영역으로 드러나기 시작하였습니다.

O2O세계는 스마트폰이 등장하면서 더욱 촉진되었습니다. 스마트폰을 사용하는 사람들은 모두 O2O세계에서 살고 있다고 할 수 있습니다. 스마트폰을 사용하지 않을 때는 오프라인세계에서 살다가, 스마트폰을 꺼내 검색을 하는 순간 우리는 온라인세계(또

는 모바일세계)에 접속합니다. 스마트폰을 사용하는 순간 전 세계와 연결되는 것이지요. 미래 알파세대는 이렇게 하루 종일 오프라인과 온라인세계를 왔다 갔다 하면서 살게 될 것입니다.

코로나19 사태가 종료되면 근무형태는 어떻게 바뀔까요? 일단 다시 이전처럼 집합근무로 돌아갈 것입니다. 그러나 디지털 근무환경은 확장되고 있고, 그것이 갖고 있는 장점도 있어서, 점차 재택근무를 포함한 유연한 근무 형태가 자리잡을 것입니다. 재택근무와 집합근무가 융합된 블렌디드 워킹 방식이 확산될 수도 있습니다. 알파세대는 직장으로 출근하는 형태와 더불어 재택근무 형태, 블렌디드 워킹, 유연근무 등 다양한 형태의 근무 방식을 경험하게 될 것입니다.

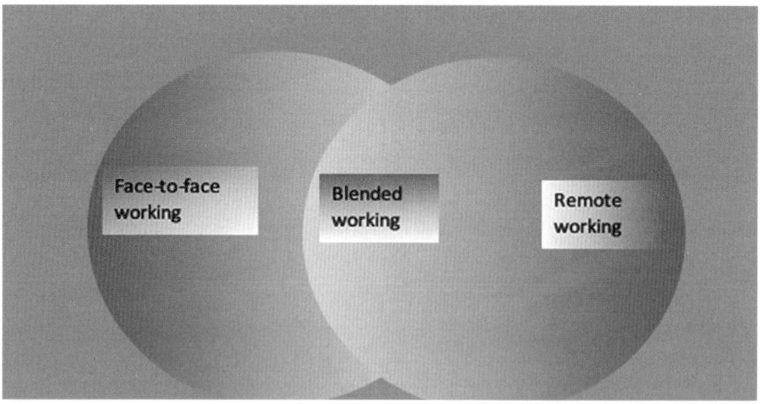

크리에이티브 커먼즈 라이센스

이러한 O2O세계를 개척한 나라는 미국입니다. 아마존과 월마트 등이 대표적인 사례이죠. 그로나 문화적인 측면에서 O2O세계의 가능성을 파악하고 활용한 대표적인 국가는 한국입니다. 몇 가지 사례를 통해 그것을 설명드리겠습니다.

가수 싸이, 보이그룹 BTS, 키즈 콘텐츠 아기상어의 공통점은 무엇일까요?

싸이는 2012년 강남스타일이란 노래를 통해 전세계적으로 유명한 가수가 되었습니다. 싸이가 어떻게 세계적인 스타가 될 수 있었을까요? 유튜브 덕분입니다. 유튜브에 싸이의 영상이 무료로 공개되고, 전 세계인이 시청하면서 세계적으로 유명해졌습니다. 싸이의 사례는 오프라인 콘텐츠가 온라인세계와 만나면 엄청난 부가가치를 창출할 수 있다는 점을 알려줍니다.

한국의 아이돌 그룹 방탄소년단(BTS) 역시 세계적으로 유명한 가수가 되었습니다. BTS는 어떻게 세계적으로 유명한 가수가 되었을까요? 방탄소년단은 2013년에 데뷔하였습니다. 초기에 한국에서는 그렇게 유명하지 않았습니다. 방탄소년단은 SNS에서 활동하며 외국에 유명해졌고, 전 세계적인 스타로 떠올랐습니다.

우리가 BTS에 주목하는 이유는 오프라인의 좋은 콘텐츠, 즉 노래와 춤이 온라인세계와 결합할 때, 더 큰 부가가치를 창출한다는 것을 보여주는 대표적 사례이기 때문입니다.

방탄소년단 이외에도 블랙핑크, 트와이스 등 많은 한국 가수들은 유튜브를 적극 이용하여 콘텐츠를 적극적으로 세계에 보급하였고, 그 가치를 인정 받아 세계적인 가수가 되었습니다. K-Pop이 세계적으로 유명해진 것은 O2O세계를 지혜롭게 활용하였기 때문이라고 할 수 있습니다.

혹시 "아기상어"를 아시나요? 스마트스터디라는 회사가 만든 동영상입니다. 아기상어는 영어로 Baby Shark이라고 하는데, 지금 전세계적으로 폭발적인 인기를 끌고 있습니다. 2021년 5월 기준으로 유튜브 조회수 84억 뷰를 기록하고 있습니다. 세계 1등입니다. 오프라인에서 좋은 콘텐츠를 만들어 온라인과 결합시키면 상상할 수 없는 가치를 창출한다는 좋은 사례입니다.

O2O세계에서 활약하고 있는 한국의 히트 상품은 이 외에도 많이 있습니다. 유튜브 먹방 방송 덕분에 한국의 라면이 전세계적인 인기를 끌고 있습니다. 유튜브 방송 덕분에 한국의 호미가 아마존 히트 상품이 되었습니다. 넷플릭스 영화 〈킹덤〉 덕분에 조선 시대의 갓이 아마존 히트상품이 되었습니다.

출처: 중앙일보, 2019.02.26.

이 외에도 아기 포대기, 커피 믹스, 돌솥밥, 때밀이 수건, 호랑이 담요 등 수많은 한국 상품들이 온라인세계에서 큰 히트를 치고 있습니다.

알파세대가 활동하는 미래세계는 어떻게 변할까요? O2O세계는 더욱 확장될 것입니다. 더욱 많은 사람들이 오프라인과 온라인세계를 왔다갔다 하며 살게 될 것이고, 더 많은 기회와 가능성이 열릴 것이라고 생각합니다. 여기서는 세 가지 점에 주목하고자 합니다.

첫째는, 블렌디드 러닝(blended learning)입니다. 블렌디드 러닝이란 오프라인 교육과 온라인 교육이 연결되는 교육 형태를 말합니다. 전통적으로 교실에서 이루어지는 학습과 디지털 학습이 연결되어 시너지를 만드는 교육과 학습을 말합니다.

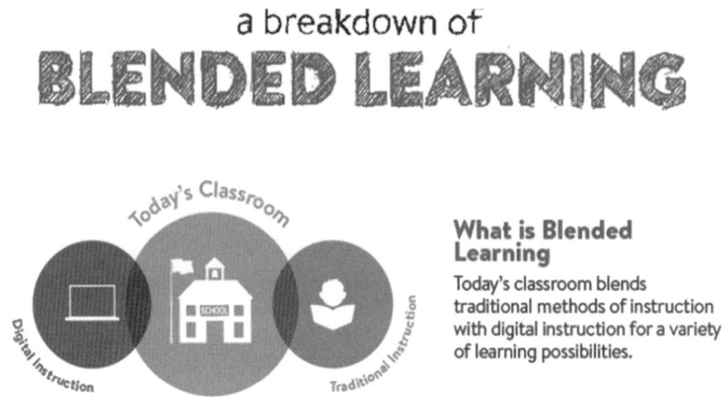

크리에이티브 커먼즈 라이센스

블렌디드 러닝은 교실에서 조만간 이루어질 것입니다. 알파세대도 경험하게 될 것입니다.

크리에이티브 커먼즈 라이센스

더 나아가서 블렌디드 러닝이 학교에서만 이루어지는 것이 아니라, 알파세대가 살아가는 동안 평생 동안 이루어진다는 것입니다. 오프라인 학습과 온라인 학습, 디지털 학습, 가상현실 기반 학습, 게임 기반 학습 등이 자연스럽게 융합된 형태로 이루어질 것입니다. 블렌디드 러닝은 높은 효과를 보이며 알파세대의 일상을 파고들 것입니다.

O2O세계에서 가장 중요한 것은 콘텐츠입니다. 이미 알파세대는 많은 콘텐츠를 쉽게 접하고 즐기며 살고 있습니다.

좋은 콘텐츠를 개발하고 디지털 플랫폼에 장착하여 전세계에 보급하면 높은 부가가치를 창출할 수 있는데, 이러한 일들이 앞으로는 일상화될 것입니다. 따라서 양질의 콘텐츠를 개발할 수 있는 능력을 키워주는 것이 중요합니다. 나만의 고유한 콘텐츠를 개발하고, 유튜브 등 플랫폼을 활용하게 될 경우, 높은 가치를 창출할 수 있습니다.

셋째, 미래에는 O2O 직업도 많아진다는 것입니다. O2O 생활세계가 확대된다면, 그와 관련된 산업이 확대되는 것은 자연스러운 결과이고, 따라서 관련 직업도 많아질 것입니다. O2O 직업의 미래 가능성에 주목하고, 미래 진로를 선택하는 데 참고하는 것이 필요하다고 할 수 있습니다.

4. 가상사회

최근 SF 영화를 보면, 어떤 사람이 다른 사람에게 "Are you real!"이라고 묻는 소리를 듣곤 합니다. 처음에는 매우 낯선 질문이었지만, 영화를 계속 보면 그 의미를 이해하게 됩니다. 영화에서는 인간이 네 가지 유형으로 그려집니다. real human, 2) real machine, 3) cyber human, 4) cyber machine이 그것입니다. 이는 미래 인류가 real세계와 cyber세계에 존재하게 될 것임을 예고하고 있습니다.

출처: 네이버 캐스트 http://navercast.naver.com/contents.nhn?rid=122&contents_id=7019

알파세대는 조만간 가상현실을 가깝게, 자주 만나게 될 것입니다. 假想現實은 영어로 Virtual Reality(VR)로 표현하는데, 가상을 뜻하는 Virtual과 현실을 뜻하는 Reality의 합성어입니다.

가상현실은 컴퓨터 기술로 만들어낸, 실제와 유사하지만 실제가 아닌 세계를 의미합니다. 컴퓨터가 만들어낸 가상(상상)의 환경이나 상황 등은 사용자의 오감을 자극하며 실제와 유사한 시·공간적 체험을 하게 함으로써 현실과 상상 간 경계를 자유로이 드나들게 합니다. 다시 말해 사용자의 오감을 자극하여, 특정 상황을 실제로 겪지 않고도 유사한 감정을 체험하게 하는 게 가상현실의 핵심입니다.

크리에이티브 커컨즈 라이센스

가상현실은 가상 환경에 관한 정보를 사용자에게 제공할 때 시각과 청각, 촉각 피드백을 이용합니다. 가상현실은 사용자의 뇌를 속여 실감하도록 하는 속임 기술이라고 이해하면 되겠습니다. 미래에는 컴퓨터와 뇌를 연결하여 실감체험을 더욱 높이는 완전몰입형 가상현실이 구현될 것으로 전망되고 있습니다.

몇 년 전 포켓몬고가 다시 대중의 이목을 끌었습니다. 이번에는 증강현실 속에서 포켓몬고가 등장하였습니다.

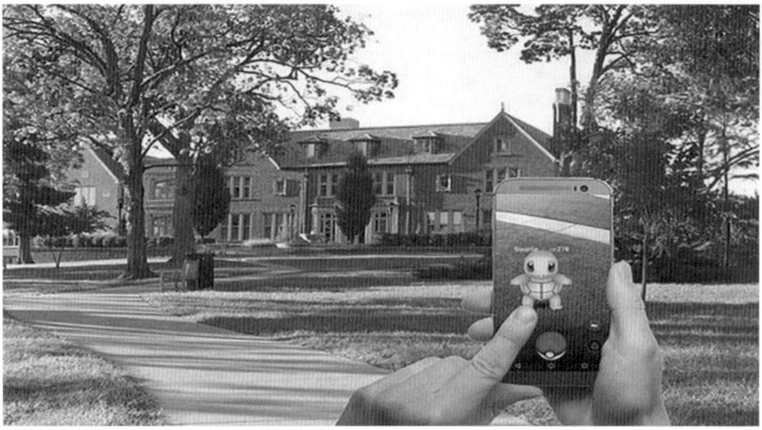

크리에이티브 커컨즈 라이센스

증강현실이란 무엇일까요? 영어로 Augmented Reality(AR)로 표현되는 증강현실은 '증가된 현실', 실제 현실에 가상의 영상을 덧입혔다는 뜻이 됩니다. 증강현실은 현실의 이미지나 배경에 3차원 가상 이미지를 겹쳐서 하나의 영상으로 보여주는 기술입니다.

크리에이티브 커컨즈 라이센스

증강현실은 앞으로 스마트폰 어플리케이션, 게임, 건설, 네비게이션, 의학, 교육 등에서 널리 활용될 것입니다.

식료품을 구매할 때에도 스마트폰을 비추면 관련 정보와 요리법 등을 알려주기도 합니다. 증강현실은 현재 전 세계적으로 큰 기대를 모으고 있고, 영향력이 매우 클 것으로 예측되고 있습니다. 알파세대는 증강현실과 더불어 살아가게 될 것입니다.

크리에이티브 커먼즈 라이센스

혼합현실(Mixed Reality, MR)은 가상세계와 현실세계를 합쳐서 새로운 환경이나 시각적 정보를 만들어 내는 것을 말합니다. 특히, 현실과 가상에 존재하는 것 사이에서 실시간으로 상호작용할 수 있는 것을 말할 때 혼합현실이라는 개념을 사용합니다.

현재 매직 리프(Magic Leap)란 회사가 혼합현실 영상을 다수 제작하고 있습니다. 2016년 미국의 한 초등학교 체육관에서 다수의 학생들이 고래 3D영상을 시연하는 행사를 하였습니다. 학생들은 마치 현실에서 실제 고래가 헤엄치는 것을 눈 앞에서 보는 체험을 하며 놀라운 반응을 보였습니다.

출처: KBS NEWS, 2016.07.24.

정리하면, 가상현실(VR)은 사용자가 온전히 가상현실의 세계를 체험하도록 도와주는 기기와 기술, 증강현실(AR)은 현실에 위치 정보 등을 활용하여 추가적인 이미지나 정보를 보여주는 기술, 혼합현실(MR)은 많은 사람들이 동시에 실시간으로 경험하는 등 VR과 AR의 한계를 극복한 기술이라고 할 수 있겠습니다.

미래에 사용되는 기술, 가상현실, 증강현실, 혼합현실 등은 우리에게 낯선 개념입니다. 그러나 알파세대의 미래에는 반드시 경험하게 되는 기술들입니다. 따라서 알파세대는 이러한 기술들을 이해하고, 익숙해지고, 활용하는 능력이 필요합니다.

특히 교육적 용도로 많이 활용될 수 있어, 적절히 잘 활용하는 것이 필요합니다.

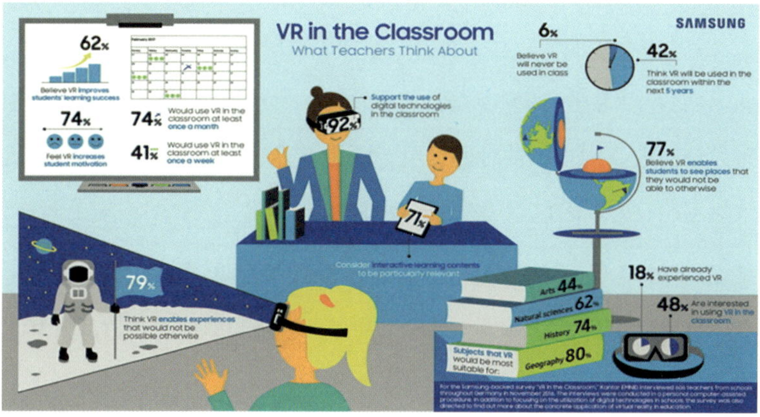

출처: Samsung Newsroom

가상현실은 특히 집중력을 높여 교육적 효과가 높다고 할 수 있습니다. 그리고 알파세대가 매우 흥미를 가질 수 있는 요소로 구성되어 있어 유튜브 이상으로 관심을 갖게 될 수도 있습니다.

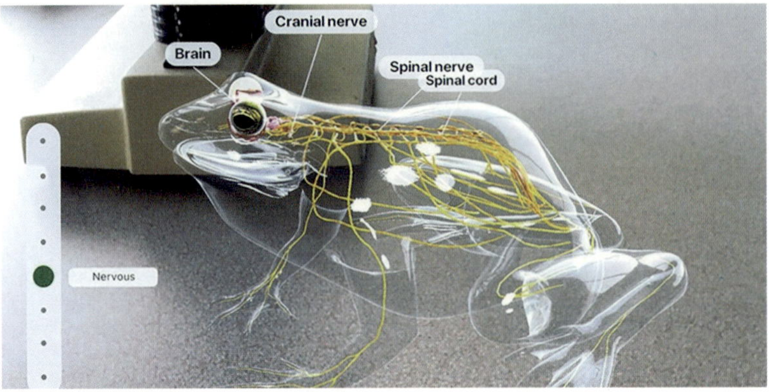

출처: next.reality.news, 2018.03.28.

그러나 가상현실과 증강현실 체험의 매력도가 매우 높아 중독될 수도 있습니다. 완전몰입형 체험, 완전몰입형 게임의 중독의 가능성이 현재 컴퓨터 게임보다 훨씬 높다고 할 수 있습니다. 뇌를 조작하여 궁극의 욕망인 촉각을 자극하기 때문입니다. 따라서 중독에 빠지지 않고 선용할 수 있도록 지도하는 것이 필요합니다.

제7장
미래 교육

1. 5차 산업혁명과 교육

1990년 초쯤 한국에 막 컴퓨터가 보급되기 시작할 때였습니다. 우리는 당시 보급된 286이나 386컴퓨터로 테트리스라는 게임을 했습니다. 컴퓨터가 놀이기구로 사용된 것입니다. 당시는 타자나 손글씨로 글을 쓰는 것이 컴퓨터로 글을 쓰는 것보다 훨씬 익숙한 때였습니다. 그러다보니 컴퓨터가 놀이기구로 둔갑하는 현상이 나타난 것입니다. 벌써 30년 가까운 시간이 흘렀고, 이제 컴퓨터는 속도나 용량이 무한대로 커지고 있습니다. 이제 컴퓨터가 없으면 모든 업무가 마비될 지경입니다. 그런 와중에 알파고의 등장은 모든 이의 관심을 끌기에 충분했습니다. 사람들도 인공지능의 존재를 인식하기 시작한 것입니다. 그리고 4차 산업혁명이란 말도 빠르게 우리에게 다가 왔습니다.

우리는 지금 경이로운 기술의 시대에 서 있습니다. 기술의 발전 속도가 인간의 적응속도보다 훨씬 빠릅니다. 이제 4차 산업혁명이라는 용어를 안 들어본 사람은 없을 것입니다.

과거 우리는 산업혁명이라는 의미를 모르더라도 아무런 지장 없이 생활할 수 있었습니다. 더군다나 산업혁명이 몇 번째인지 모르는 것은 아주 당연한 일이었습니다. 그런데 이제 우리는 네 번째로 맞이한 산업혁명을 모른 체 할 수 없는 상황에 이르렀습니다. 마치 세상이 금방 바뀔 것처럼 지구 전체가 들썩이고 있기 때문입니다. 그런데 우리가 4차 산업혁명에 대해 이해하기도 전에 벌써 5차 산업혁명 이야기가 나오고 있습니다. 이렇게 세상이 시끄러운 이유는 분명합니다. 그것이 사회나 인간의 삶에 미치는 영향이 막대하다고 보기 때문일 것입니다. 당연히 교육에도 큰 영향을 미치는 것은 자명한 일입니다.

산업혁명은 인류가 비인류, 즉 동물이나 기계에게 인류가 하는 노동을 대신하도록 함으로서 인류의 노동을 경감시키고, 업무효율을 높여온 과정이라고 볼 수 있습니다. 이런 산업혁명을 인류는 지금까지 세 차례 경험했습니다.

제1차 산업혁명은 증기기관의 사용으로부터 시작되었습니다. 그리고 영국을 패권국가로 만들었습니다. 제2차 산업혁명은 전기를 사용하는데서 시작하였습니다. 그리고 이것은 유럽을 세계강대국가로 만들었습니다. 제3차 산업혁명은 정보화혁명입니다. 이는 미국을 세계 최강대국으로 우뚝 서도록 했습니다. 제4차 산업혁명은 현재 진행 중입니다. 이것이 어느 수준까지 발전할지 아무도 모릅니다. 다만 4차 산업혁명까지는 전통적 패러다임으로 생존 가능한 사회로 존재할 것입니다.

4차 산업혁명의 핵심은 인공지능입니다. 인공지능의 발전으로 많은 분야에서 획기적 성과를 내게 되었습니다. 그러나 지금 말하는 인공지능은 인간이 통제할 수 있는 수준의 인공지능입니다. 사실 4차 산업혁명 시대는 정확히 얘기하면 인공지능시대는 아닙니다. 만약 인간을 넘어서는 또는 인간과 비슷한 수준의 인공지능이 출현한다면 그것은 새로운 세상을 알리는 신호탄일 것입니다.

5차 산업혁명은 진정한 인공지능 시대를 의미합니다. 사물인터넷이 만물인터넷으로 바뀌고, 인공지능수준이 사람의 의식, 사유형태와 유사하게 변하거나 똑같아질 것입니다. 5차산업혁명 시대는 또 기술빅뱅의 시대이기도 합니다. 기술빅뱅은 각 영역이나 기술의 대융합을 의미합니다. 예를 들면, 의료의 경우 웹 3D기술과 3D프린팅, 인공지능기술과 의료블록체인이 활용될 것입니다.

어떤 기술의 혁신이건 앞으로는 우리가 만나본 적이 없는 커다란 변화가 될 것입니다. 당연히 대융합 시대에는 전공의 구분이 모호해집니다. 이것은 기존의 전통적인 교육으로는 대융합 시대에 필요한 인재를 길러낼 수 없음을 의미합니다.

5차 산업혁명은 인공지능이 인류와 동등하거나 뛰어넘는 세상이며, 인간과 로봇이 공존하는 세상입니다. 이런 세상에서 인류 자체도 커다란 변화를 맞이할 것입니다. 인간의 가장 큰 변화는 바로 의료적 측면에서 있을 것입니다. 인류의 수명이 연장되고, 업무능력이 제고될 것입니다. 이에 따라 인류에게 기능적 측면과 역량 측면에서의 변화가 요구될 것입니다.

아직 도래하지는 않았지만 언제, 어떤 모습을 다가올지 모르는 새로운 세상은 인류에게 새로운 생존능력을 요구할 것입니다. 그것은 바로 인공지능 로봇과 공존하면서 자신의 삶을 유지할 수 있는 역량을 의미합니다. 과연 우리의 미래세대는 어떠한 교육을 받아야만 생존에 필요한 역량을 기를 수 있을까요? 이제 이런 문제에 대해 심각히 고민해야 할 때가 되었습니다.

2. 5차 산업혁명 시대에 필요한 역량

4차 산업혁명 시대는 전통적 의미의 산업과 인공지능 산업이 공존하는 시대로 과거 패러다임의 교육을 받아도 생존이 가능한 사회였습니다. 그러나 5차 산업혁명 시대는 기계가, 다시 말하면 인공지능이 인간을 초월할 수도 있는 시대입니다. 또 모든 것이 자동화되고, 대부분의 업무는 로봇이 처리할 수 있는 시대입니다. 따라서 인간은 이제 새로운 패러다임의 교육을 통해 인공지능, 로봇, 아니면 자동화에 대응할 수 있는 힘을 기를 필요가 있습니다.

만약 미래세대가 인공지능으로 무장한 로봇과 같이 살아야 한다면 인간에게는 어떤 능력이 필요할까요? 아마도 기계와 공존할지도 모르는 미래세대에게는 기존과는 다른 새로운 역량과 그리고 이를 길러주기 위한 새로운 교육이 필요할 것입니다.

세계경제포럼(WEF)은 새로운 시대에 요구되는 기술로 기초문해력, 역량, 인성 자질을 들고 있습니다. 기초문해력은 학생들이 어떻게 일상생활에서 핵심 기술들을 적용시키는 것과 관계됩니다. 역량은 학생들이 복잡한 도전과제에 대해 어떻게 대처하는지에 대한 것입니다. 인성 자질은 학생들이 변화하는 환경에 대처할 수 있는 스킬을 말합니다.

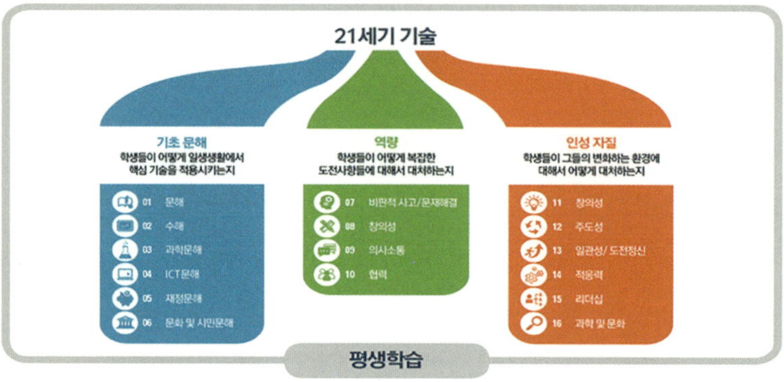

〈그림〉 세계경제포럼의 21세기 기술

한편 노스이스턴대학의 오운(Joseph E. AOUN) 총장은 이보다 더 나아가 인공지능을 장착한 로봇을 뛰어넘기 위해서는 새로운 문해력이 필요하다고 말합니다. 전통적인 읽기, 쓰기, 말하기를 넘어서서 데이터 문해력, 기술 문해력, 인간 문해력이 필요하다는 것입니다. 또 고도의 인지 능력이 필요하다고 봅니다. 그것은 바로 체제적 사고, 창업정신, 문화적 민첩성, 비판적 사고와 같은 것입니다.

〈그림〉 오운의 새로운 인간학

이러한 뉴 리터러시와 인지 역량은 창의성을 함양함으로써 학생들이 영리한 기계의 힘을 넘어갈 수 있도록 도와줍니다. 결국 미래 사회에서는 하드 스킬로서 로봇 등을 다루는 기술적 능력과 전문지식 그리고 소프트 스킬로서 변화에 대한 유연성, 창의성 등을 함양해 주어야 합니다.

3. 미래학교의 출현

미래학교는 과학기술이 급속도로 발전하는 새로운 상황 속에서 미래를 대비하기 위한 각국의 정책에서 출발하였습니다. 나라에 따라 미래학교에 대한 관점이나 생각은 틀립니다. 예를 들면, 싱가포르는 기존의 학교에 첨단 기술을 교육에 접목시켜 교육효과를 높이는 데 관심을 갖고 있습니다. 미국의 미래학교는 기존 전통적 학교에서는 시행이 어려운 개별 맞춤형 교육을 실시하는 데 초점을 맞추고 있습니다. 이런 모든 것들은 결국은 미래 사회에 대비하기 위한 노력입니다. 여기에 소개한 몇 가지 미래학교 사례는 5차 산업혁명 시대에 걸맞는 학교형태는 아닙니다. 아무래도 기존의 미래학교는 전통적 학교라는 틀에서 조금 더 진보한 형태이기 때문입니다. 따라서 우리는 이런 미래학교를 탐구하면서 미래에 적합한 새로운 학교 모델은 어떠한 것인지 고민할 필요가 있습니다.

1) 마이크로소프트의 퓨쳐스쿨

이 학교는 2006년 세계에서 처음으로 만들어진 미래학교입니다. 미국정부와 마이크로소프트가 협력하여 세운 학교입니다. 이 학교에는 전통적인 의미의 교과서와 공책이 없습니다. 학생들은 인터넷과 이동단말기를 가지고, 필요할 때 어디서든 학습을 합니다. 학생 각자는 서로 다른 학습 진도에 따라 학습하는 것이 허락됩니다. 당연히 이런 형태는 전통적 학교 형태와는 구별됩니다. 우선 전통적 학교 교육에서는 한 반 속에서 동일한 학습 진도를 나가는 형태입니다. 이에 따라 개별학생의 학습이 빠르냐, 느리냐가 수업진도에 일정한 영향을 미칩니다. 그러나 마이크로소프트의 퓨쳐스쿨은 모든 학생이 각각 다른 학습 진도를 가지고 있기 때문에 학생의 학습문제를 쉽게 해결할 수 있습니다. 전통학교에서는 교과서와 공책이 없다는 것을 상상하기 어렵습니다. 그러나 이 학교에서는 인터넷과 이동단말기로 필요시 언제나 학습할 수 있습니다. 또 교과서를 벗어나 다양한 첨단 기술을 활용해 국제적인 자료를 빠른 속도로 습득할 수 있다. 예를 들면, 화산에 대해 수업중이라고 칩시다. 이때 인터넷을 통해 먼 외국에 있는 전문가를 화상으로 불러와 수업할 수 있습니다. 당연히 질의응답이 가능합니다.

2) 민트스쿨

민트스쿨은 독일에서 미래 사회에 대비해 학생들이 수학, 정보, 과학과 기술에 대한 흥미를 높이기 위해서 만들어졌습니다.

민트(MINT)스쿨에서 민트는 수학(Mathematik), 정보(Informatik), 과학(Naturwissenschaften), 기술(Technik)의 독일어 앞자를 따서 만든 이름입니다. 그렇다고 해서 4개 학과의 결합체라는 의미는 아닙니다. 그것은 간학문적이고 통합적인 형태를 지향합니다.

독일은 2008년부터 앞의 네 과목을 핵심 의제로 정하고 있습니다. 이를 위해 독일정부와 기업은 민트창조미래연맹을 만들고 초중고교에서의 민트 교육을 지원하고 있습니다. 앞에서도 언급되었지만 민트 교육에서는 네 가지 학과의 유기적 융합을 강조합니다. 즉, 학과별 교육이 아니라, 학과 간 유기적 통합을 강조하는 것입니다. 그것을 통해 새로운 지식과 새로운 가치가 창출되기를 기대합니다.

따라서 민트 교육에서는 전통적인 교사 중심, 교육과정 중심의 서술식 수업을 지양합니다. 대신 학생 중심의 탐구식 수업을 기본으로 합니다. 예를 들면, 프로젝트 학습, 실험실 연구, 조별 토론 등이 그것입니다.

3) 미래교실 실험실

미래교실 실험실(FCL)은 유럽연합이 전통적 의미의 교실과 학습공간을 새로 조직해서 교수학습의 혁신을 이끌고자 시작하였습니다. 이 교실은 하나의 회의실과 거대한 개방식 공간으로 구성되어 있습니다. 개방식 공간은 6개 학습공간으로 구성되어 있는데 각각의 기능은 다음과 같습니다.

첫째, 탐구공간입니다. 여기서 학생들은 피동적이 아니라, 적극적으로 활동에 참여하는 기회를 얻습니다. 교사들은 탐구식 학습과 프로젝트형 학습을 중점적으로 실시합니다. 이를 통해 학생들은 비판적 사고능력과 문제해결능력을 키울 수 있습니다.

둘째, 창조공간입니다. 여기서는 학생 스스로 계획, 설계하고, 직접 자신의 작품을 생산할 수 있다. 이런 활동을 통해 학생들은 창의성, 신기술조작능력 등을 배웁니다.

셋째, 전시공간입니다. 학생들이 각종 도구를 활용해 전시와 강연을 진행하는 곳입니다. 그리고 이 과정에서 상호교류능력, 포용 능력, 반성적 사고 등을 배웁니다.

넷째, 상호작용공간입니다. 학생들은 대화식 전자 설비를 통해 상호 간 적극적인 소통을 합니다. 학생들은 개인간 소통능력을 함양하게 됩니다.

다섯째, 교류공간입니다. 미래교실 실험실에서는 타인과의 합작능력을 대단히 중시합니다. 만남 등을 포함한 다양한 형식의 교류가 여기서 이루어집니다.

여섯째, 발전공간입니다. 이곳은 비정규 교육과 학생들의 자아 반성의 장소입니다. 주로 학생들이 스스로 자각해 학습하고, 이를 통해 자기 주도적 학습능력을 배양합니다.

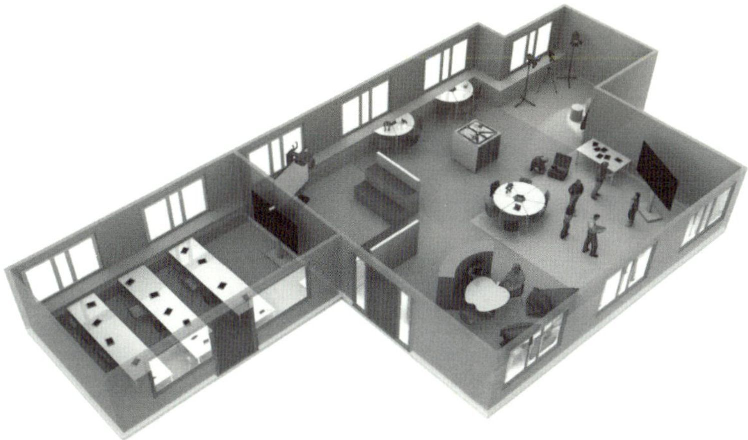

4) 싱가포르 미래학교

싱가포르의 미래학교는 싱가포르가 2015년부터 추진한 지혜국가플랜이 모태가 되어 탄생하였습니다. 지혜국가플랜은 나라 전체에 데이터 수집이 가능하도록 해서 각종 공공서비스를 제공하겠다는 계획입니다. 이러한 지혜국가계획의 일환으로 등장한 것이 싱가포르 미래학교입니다. 싱가포르 정보통신발전관리국(IDA)

과 교육부가 연합해 추진하는 이 학교는 새로운 교수학습 방법을 활용하는 것을 장려해서 신기술이 수업이나 학습과정에 활용되도록 하는데 있습니다. 미래학교에서는 교수학습중 최신의 응용 소프트웨어를 사용하는 것이 원칙입니다. 또 3D 및 가상학습 모델 활용, 혁신적 교육과정 운영, 교사와 학생들의 자율적인 혁신능력을 배양하고자 합니다. 이러한 싱가포르 미래학교는 정보기술을 이용해서 교육의 외연을 넓히도록 하는 데 초점을 맞추고 있습니다.

4. 5차 산업혁명 시대, 미래학교의 모습

역사적으로 학교 교육은 크게 세 차례의 변화를 겪어왔습니다. 먼저 고대학교의 출현인데, 이것을 우리는 학교의 1.0시대라고 할 수 있습니다. 이런 초보적인 형태의 학교 교육은 몇 천년간 지속되었습니다. 학교의 주요한 교육활동은 자유로운 강의, 사상 및 난제에 대한 토론, 독서지도 등이었습니다. 학교의 조직형식도 상대적으로 자유로웠습니다.

제1차 산업혁명이 일어났고, 그러면서 현대적인 의미의 공립학교가 출현하였습니다. 이를 학교의 2.0시대라고 할 수 있습니다. 이때부터 학급이 생기고, 체계적인 학과목이 등장하였고, 분과교육이 이루어졌습니다. 이에 따라 학교교육도 점점 표준화, 체계화 되었습니다. 2000년대 들어 특히 인터넷의 발달, 빅데이터, 인공지능으로 대표되는 새로운 기술의 발전은 교육에 새로운 가능성을 가져오고 있습니다. 교육공간과 기회에 극적인 변화가능성을 예고하고 있습니다. 새로운 학교3.0 시대가 도래하고 있는 것입니다.

이제 기존 학교에 최첨단 기술을 도입해 교육하는 형태만으로는 새로운 기술발전을 따라잡을 수 없을 것입니다. 기존의 교육 패러다임을 완전히 벗어 던지지 않고, 그 기초 위에 세워진 형태이기 때문입니다. 따라서 앞으로 학교는 지금보다 더 진보한 혁신적인 모습으로 변모할 것입니다.

1) 학습공간의 변화

앞으로의 학교는 다채롭고 다양한 지식이 교류하는 공간으로 변모할 것입니다. 전통적인 학교는 천편일률적인 동일한 형태의 학교건축, 교실을 가지고 있었습니다. 그러나 앞으로의 학교는 사람을 효과적으로 기를 수 있는 새로운 공간으로 변모할 것입니다.

정규 교육과 비정규 교육이 함께 하고, 학생들의 다양한 요구와 맞춤형 교육이 가능하도록 교실공간에 변화가 있을 것입니다. 새로운 것을 창조하는 공간으로 교실이 변모하면서, 기존의 공장식 교실설계는 종말을 고하게 될 것입니다. 풍부한 기술과 자원이 학교에 제공되면서 교사는 더욱 다양한 수업활동을 할 수 있게 될 것입니다. 학교의 공공공간이 확대되면서 비정규학습 구역이 지금보다 더 확대될 것입니다. 이를 통해 학생들은 더 많은 활동과 학생간 교류활동을 하게 될 것입니다.

2) 교육과정 및 내용의 혁신

지금까지 학교는 동일한 교육과정을 가지고, 붕어빵을 찍어내듯 천편일률적인 아이들을 배양해 왔습니다. 이 모든 것은 동일하게 적용되는 교육과정을 통해 가능했습니다. 그러나 앞으로 학교 교육과정은 학생 개인별 특성과 수요를 만족시키는 형태로 변모할 것입니다. 전통적인 학과분류가 점점 소멸하고, 단순히 학과논리로 교육과정 내용을 조직하는 방법이 바뀌게 될 것입니다. 학습자의 경험, 개인의 생활, 핵심능력을 기초로 하는 것이 강조될 것입니다. 학과의 고유한 경계가 무너지면서, 실제적인 문제를 중심으로 교육과정을 다시 구성하게 될 것입니다. 학생들이 자연, 사회, 생활과 더욱 밀접하게 연계되도록 교육과정이 구성될 것입니다. 더 나아가 미래의 학교 교육과정은 학교만이 유일한 교육과정을 가진다는 기존의 관념에서 벗어날 것입니다. 사회가 학교 교육과정의 생장점으로 변할 것입니다. 앞으로는 사회 속의 음성적 교육자원, 지역사회 활동, 연구소의 연구결과, 하이테크기업의 업무 등이 모두 미래학교의 교육과정 기초가 될 것입니다. 과거에는 교재가 학생의 전체를 지배했습니다. 그러나 미래에는 세계가 모두 학생의 교재로 변화는 현상을 목격하게 될 것입니다.

3) 교육 방법의 획기적 변화와 교사역할 변화

세상이 대단히 빨리 변하고 있습니다. 이에 따라 인재에 대한 요구나 갖추어야 할 능력 또한 변하고 있습니다. 미래의 인재가 구비해야 할 능력은 창의성, 데이터 문해력, 비판적 사고 등 여러 가지가 있습니다. 그런데, 이런 능력은 전통적인 시험 위주의 교육환경 하에서는 길러지기 힘듭니다. 지금은 학교 교육에서 이런 역량이 어떻게 길러지는지에 대해서는 별 관심이 없습니다. 그러니 당연히 학교 교육에서 소홀히 취급됩니다. 핵심역량의 제시에 따라서 다음 세대 학습자는 반드시 자신과 사회발전을 위해 필요한 역량을 길러야 합니다. 근본적인 문제는 지식전달을 위주로 하는 전통교육 방식으로는 이런 역량을 기르는 데 한계가 있다는 점입니다. 따라서 미래의 수업 방식은 다원화될 것입니다. 학생들은 놀이, 창조, 설계, 경험, 여행, 표현 등 다양한 방식으로 학습을 진행하게 될 것입니다. 미래의 학교에서는 전통적인 획일적 학습 형식에서 벗어나 탄력적인 수업시간 안배, 간학문적 접근이 일반화될 것입니다. 그리고 이를 통해 완전한 개별화 교육 방식이 완성될 것입니다.

새로운 기술수단을 이용해서 학생들의 인지적 특성과 학습특징을 측정하고, 이를 개별화 학습을 설계하고, 학습시키는 데 이용하게 될 것입니다. 서로 다른 기술조건 하에서 차별화된 학습전략을 탐색하고, 피교육자의 수준에 따라 그에 맞는 교육을 하는 인재시교가 보편화될 것입니다. 학생들의 학습흥미를 불러일으켜 그들이 주도적으로 세계를 탐색하고, 알지 못하는 미지의 세계를 발견하도록 하는 교육 방식이 중요해질 것입니다. 학교 내와 학교 밖 모두가 학습자원이 되어 학교교실만이 아니고, 어디서든 교육이 이루어지고, 이에 걸맞는 새로운 교육 방법이 활용되는 신 시기를 맞이할 것입니다. 그리고 이런 신시기는 신기술이 교육현장에 들어오면서 이끌게 될 것입니다.

이에 따라 당연히 교사의 역할에도 변화가 있게 될 것입니다. 유럽연합은 미래의 교사가 다음과 같은 역할을 할 것으로 전망하고 있습니다.

〈유럽 연합의 미래 교사 전망〉

1) 2030년이 되면 교사들은 자율규제 및 맞춤형, 협력적 학습과정을 통해 학습안내자와 멘토, 친구 및 파트너 역할을 하게 될 것이다.
2) 2030년이 되면 교사들은 학습과정에 직접적으로 참여하지는 않게 될 것이다. 단지 교사는 학습코디네이터의 역할만을 수행하게 될 것이다.
3) 2030년이 되면 온라인 자원 및 디지털도구가 강력한 학습 자료로 활용되어 교사의 역할이 약화될 것이다.
4) 미래 사회 교사는 학습전략에 대한 전문가가 될 것이다.
5) 미래 사회 교사는 학생을 위한 진로상담 및 심리전문가로서의 훈련을 받게 될 것이다.
6) 미래 교사는 학습컨설턴트, 의사소통전문가 등 다양한 역할을 수행하게 될 것이다.

결국 교사들은 과거의 교수리더, 학습리더보다는 학생의 발달을 도와주는 조력자로서의 역할을 하게 될 것입니다.

4) 학교 조직관리 형태의 미래지향적 변화

전통적인 학교는 금자탑 형식의 조직구조이다. 즉, 각 행정부문이 수직적 관리체계를 가지고 있는 것입니다. 조직이 세분화되어 있고, 업무 또한 세분화되어 있습니다. 이러다보니 학교 내에서도 정보가 공유되지 않고, 효율이 떨어지며, 관료주의가 발생하고 있습니다. 그러나 앞으로 학생 1인이 1개의 교육과정을 갖게 되는 등 새로운 변화 아래서 학교는 기존의 획일적, 관료적 조직으로는 생존이 어려울 것입니다. 따라서 학교조직은 새로운 변화에 맞게 미래지향적으로 바뀔 것입니다. 미래의 학교는 더 이상 전통적 의미의 학년과 학급을 필요로 하지 않게 될 것입니다. 더구나 탄성학제와 수평적 조직 구조는 새로운 형태의 학교조직 구조를 필요로 하게 될 것입니다.

앞으로는 빅데이터를 이용해서 학교관리 및 각종 서비스를 하게 될 것입니다. 또 학생의 요구에 따라 융통성 있는 수업안배를 제공해야만 할 것입니다. 전통적인 학기 혹은 고정된 교육과정 구조에 따라서 수업을 진행하는 것이 아니기 때문에 학교조직은 이에 맞추어 커다란 변화를 가져오게 될 것입니다. 특히 학생들은 학교의 조직관리중 특정한 업무에 참여하는 폭이 넓어질 것입니다. 이런 과정에서 과거보다 학생들은 충분히 존중을 받게 될 것입니다.

5. 첨단 기술의 교육에의 응용

기술의 급속한 발전은 학교현장에 새로운 기회를 제공해왔습니다. 신기술을 통해 학교는 더 효과적으로 학생들을 지도하고, 성과를 창출하게 되었습니다. 그러나 앞으로는 학교는 우리가 가져보지 못한 신기술을 통해 학생들에게 적합한 최고의 교육을 제공하게 될 것입니다. 인공지능과 관련 첨단 기술이 학교 교육에 어떻게 활용될지 생각해봅시다.

1) 적응형 개별 맞춤학습 보급

모든 개인은 어린이든 성인이든 독특한 사유체계와 학습 방식을 가지고 있습니다. 예를 들어, 어떤 사람은 다른 사람과 말하거나 토론하는 것을 좋아합니다. 또 어떤 사람은 묵묵히 혼자 독서하는 것을 좋아합니다. 어떤 사람은 논리와 숫자를 이용해서 현상을 말하기 좋아하지만, 또 어떤 사람은 습관적으로 문자와 고사성어를 이용해 말하기를 좋아합니다. 따라서 만약에 개개인의 특성에 적합한 학습방식을 찾고, 그 방식에 따라 학습할 수만 있다면 개개인의 학습효과는 매우 높아질 것입니다. 또 학습에 대한 흥미도도 높아질 것입니다. 그러나 앞으로는 이런 문제에 대한 답을 찾게 될 것입니다. 즉, 개인의 특성이나 사고 등을 고려한 맞춤학습이 보급될 것입니다.

우선 인공지능을 이용해 학생 개개인의 학습데이터를 수집하고 분석하는 것이 보편화될 것입니다. 그리고 이런 분석에 기초해 인공지능은 학생 개개인의 학습방식과 특징을 찾아낼 것입니다. 인공지능은 개개 학생의 학습 방식과 특징에 맞춰 교수학습 내용과 방식을 자동으로 조정할 것입니다. 이에 따라 개개 학생들은 자신에게 가장 적합한 교육을 받을 수 있는 기회를 갖게 될 것입니다.

시간의 추이에 따라서 학습 관련 데이터는 점점 많아질 것입니다. 이에 따라 인공지능도 갈수록 총명해질 것이고, 학생들의 학습에 주는 도움 정도도 갈수록 정확해질 것입니다. 이렇게 되면 학생의 학습효율은 갈수록 높아지고, 그 결과에 따른 학습효과도 갈수록 높아지게 될 것입니다. 당연히 이런 상황은 전통적인 교실수업에서는 불가능한 일이지만, 머지않은 미래에는 당연한 것이 될 것입니다.

2) 가상 튜터의 등장

과외는 많은 국가에서 적지 않은 시장을 형성하고 있습니다. 갈수록 많은 부모들은 시간과 정력을 들여 자녀 교육에 투자하고 있습니다. 이런 현상은 정상적인 것은 아니지만 현실이 그렇습니다. 당연히 과외, 특히 일대일 과외는 비용이 많이 듭니다. 그러나 앞으로는 학교밖 교육, 즉 가정에서의 과외 교육에도 큰 변화가 나타날 것입니다. 부모들이 아이들을 위해 없는 시간과 돈을 투자해 애쓸 필요가 없는 때가 올 것입니다. 이는 인공지능이 아이들의 학습을 돕도록 함으로써 가능해진 일입니다.

이미 초보적이기는 하지만 상업적인 회사들이 이와 관련한 프로그램을 개발하고 있습니다. 인공지능을 사용하는 온라인 가상 튜터를 학생들에게 제공하기 시작한 것입니다. 예를 들면, 런던의 위즈 에듀케이션은 매쓰 위즈(Math Whizz)라는 상품을 만들었습니다. 이 상품은 학생들이 방과 후에 스스로 공부할 때 이 프로그램을 통해 문제를 제출하고, 이에 대한 해답을 가상튜터를 통해 실시간으로 받을 수 있도록 되어 있습니다. 학생들은 학업과정에서 언제든 질문할 수 있습니다. 가상 튜터는 학생들의 수준에 맞춰 응답하고, 학생들이 그것을 마스터할 때까지 피드백을 보고 답변을 조정하기도 합니다. 동시에 부모에게 실시간으로 보고를 제공함으로써 부모들은 아이들의 학습여부를 관리하게 될 것입니다.

3) 교육 로봇의 일상화

앞으로 교실이나 가정에서 로봇을 사용하는 것은 공상과학소설의 이야기가 아닙니다. 현재 일부 기업은 어린이들의 친구나 교사가 될 수 있는 로봇을 개발하고 있습니다. 아이의 질문을 듣고 나면 로봇은 자동으로 네트워크에 연결하여 해답을 찾습니다. 또 아이와의 교류를 통해 점점 아이의 정서와 개성을 이해하게 됩니다. 로봇과 아이의 교류가 많아지면 로봇의 아이에 대한 이해도 갈수록 깊어질 것입니다. 이에 따라 아이와의 대화도 갈수록 수준이 높아질 것입니다. 더 나아가 아이의 기호까지도 알게 된다면 로봇은 아이의 친구로서 그 역할을 하게 되고 집안에서 아이의 학습보조자가 될 수도 있을 것입니다. 현재 로봇과의 유창한 교류는 아직 어려운 수준입니다. 그러나 앞으로 로봇이 점점 인간화되면 진정으로 아이들에게 멘토가 될 것입니다.

한편, 학교에서도 로봇은 중요한 역할을 하게 될 것입니다. 가정에서는 친구역할을 로봇이 대신해준다면, 학교에서는 보조교사가 될 수 있을 것입니다. 아니, 더 발전한다면 완전한 형태의 전임 로봇교사가 학교에 근무하게 될 날이 올 것입니다. 그렇게 되면 우리는 인간교사들과 로봇교사들의 역할을 어떻게 나누어야 할지 고민하는 순간이 올 것입니다.

4) 로봇을 통한 과학기술 교육 심화 및 가상현실, 증강현실 기반 교육의 보편화

이 시대는 컴퓨터, 인터넷, 자동화 시대입니다. 그래서 컴퓨터 프로그래밍, 알고리즘 디자인, 로봇 디자인과 같은 과학기술 방면의 교육이 대단히 중요해졌습니다. 어떤 사람은 가까운 장래에 프로그래밍을 모르면 문맹자로 취급받을 것이라고 전망합니다. 결국 디지털 문맹자가 되면 사회에서 직업을 찾거나, 일상생활을 영위할 때 많은 어려움이 따를 거라는 이야기입니다.

아직 현대의 학교현장에서는 이 방면의 교육이 활성화되지는 못하고 있다. 그러나 미래에는 이 방면의 교육이 대세로 자리잡을 것입니다. 그리고 학업성취를 측정할 때 이 분야에 대한 지식이나 능력이 중요하게 취급될 것입니다. 이와 함께 가상현실이나 증강현실의 교육적 활용도 보편화될 것입니다. 가상현실, 증강현실이 교육에 적용되었을 때를 가정해봅시다. 아마 그 교육공간은 양을 계산할 수 없을 정도로 넓어질 것입니다. 가상현실과 증강현실이 보편화되면서 수업현장이 다채로워지고, 학생들은 더 실감 있는 교육기회를 갖게 될 것입니다. 앞으로의 교실에서는 우리가 현재 사용하는 화이트보드와 PPT의 용도가 대폭 줄어들 것입니다. 그리고 그것을 가상현실과 증강현실이 채우면서, 우주 전체가 교실이 될 것입니다.

6. 미지의 교육에 대응하며

앞으로의 세상은 어떻게 변할까요? 지금과는 어느 정도 다른 세상일까요? 예측할 수 없는 세상에 대응해 우리는 어떤 인간을 양성해야 할까요? 어떤 교육시스템이 필요할까요?

쉽게 단언하기는 힘들지만, 다가올 미래에는 기존 교육의 구조적 변화를 가져올 것임에 틀림없습니다. 공간의 변화, 교육과정과 기술의 결합 등을 통해 개개 학생에게 각기 다른 교육을 시키게 될 것입니다. 학생 개개인의 능력이나 적성 그리고 학습속도, 학습유형 등을 분석 관리하고, 이를 교육현장에 활용하는 체제가 구비될 것입니다. 이렇게 되면 학업우수아도 학습부진아도 만족하는 학교현장이 될 것입니다. 교사들도 첨단 기술을 활용함으로서 과거보다 더 나은 수업방식을 갖게 될 것입니다. 그 과정에서 교사의 역할도 기존과는 다르게 변하게 될 것입니다. 이렇게 보면 미래의 교육은 참 아름다워 보입니다. 그러나 실천과정은 그렇게 쉽지 않을 것입니다.

아직 사람들의 사고는 인공지능의 발전을 피부로 느끼지 못하고 있습니다. 인공지능이 인간의 생존에 어떤 영향을 끼치게 될지에 대해서도 일부에서만 설왕설래할 뿐입니다. 그렇지만 고도의 인공지능을 장착한 로봇을 사회 구성원의 하나로 받아들여야 한다면 그때는 이야기가 달라집니다. 인간이 로봇과 싸워야 할까요? 아니면 공존의 길을 찾을까요?

필자는 공존의 길을 찾아야 한다고 봅니다. 그런 측면에서 노스이스턴대학의 이운 총장이 역설한 로봇 푸르프 교육(Robot Proof Education)은 시사하는 바가 큽니다. 로봇 푸르프 교육은 로봇을 뛰어넘는 교육쯤으로 이해하면 좋을 것 같습니다. 어떻게 로봇을 뛰어넘는 교육이 가능할까요?

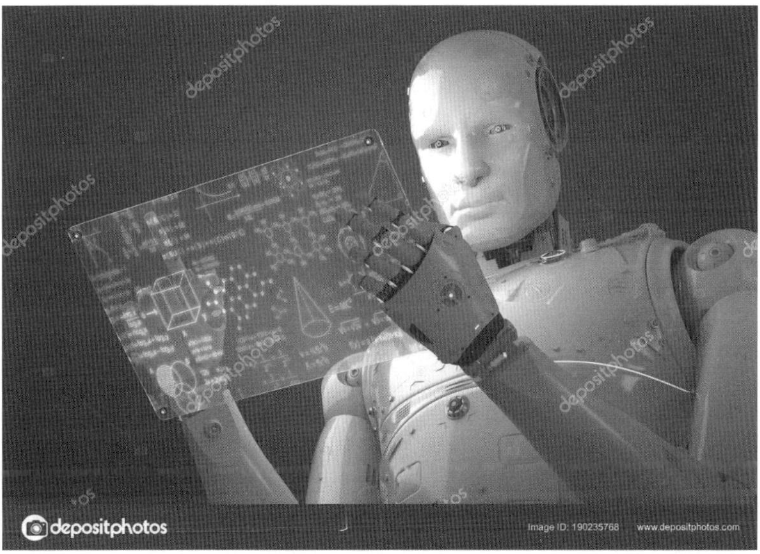

우선은 전통적 교육 패러다임을 획기적으로 전환시켜야 합니다. 세분화, 전문화에 매몰된 교육을 융복합과 연계화를 통해 통합적

접근을 해야 합니다. 그리고 이런 교육은 개별맞춤형 설계를 통해 개인 특성에 맞게 이루어져야 합니다. 또 로봇에게는 부족한 부분, 예를 들면 인간적인 특성이 강하게 필요한 영역의 역량에 집중하는 교육이 필요할 것입니다.

미래학자 레이 커즈와일(Ray Kurzweil)은 특이점(singularity)이 가까이 있다고 말합니다. 그가 말한 특이점이란 컴퓨터 지능과 인간지능을 구별할 수 없게 되는 시기를 말합니다. 대략 2020년 말로 잡고 있습니다. 물론 이런 현상이 나타날 수도 있고, 나타나지 않을 수도 있습니다. 그렇지만 기술은 계속 진보할 것이고, 우리 인간은 그것에 맞추어 생존을 위한 노력을 계속할 수밖에 없을 것입니다. 당연히 교육도 인간의 생존을 위해 새로운 패러다임을 갖지 않을 수 없을 것입니다.

제8장
5차 산업혁명 시대 미래 설계

1. 알파세대의 미래에 대한 빅 픽처(big picture)가 필요합니다.

미래를 대비하는 교육은 무엇보다 알파세대의 미래에 대한 장기적인 고민 속에서 이루어져야 합니다. 사회가 빠르게 변하기 때문에 큰 그림 속에서 미래세계를 전망하고 미래를 설계할 필요가 있습니다. 큰 울타리(다양한 환경변화 고려) 안에서 알파세대의 진로를 준비하는 것입니다. 이것이 빅 픽처를 만드는 작업입니다. 장기적 관점에서, 30~40년을 내다보며 큰 그림을 그리고 단계별로 진로를 설계하는 것입니다. 2015년에 발간한 타임지에서 2015년에 태어난 아이는 142세까지 산다는 전망을 하였습니다.

알파세대들이 150세를 살아갈 수 있는 능력을 준비하는 것이 필요한 때가 오고 있는 것입니다.

알파세대의 미래를 설계하기 위해서는 큰 그림을 그리고 단계별로 접근하는 전략이 중요합니다. 그동안 우리 학부모들에게 진로는 진학을 의미하였습니다. 따라서 대학 가는 진학 역량을 키우는 것에 주력하였습니다. 그러나 미래의 진로 역량을 키우기 위해서는 다른 역량이 추가되어야 합니다. 인공지능 시대에 맞는 진로를 준비하기 위해서는 기초 역량, 진로 역량, 진학 역량이 필요하다고 할 수 있습니다.

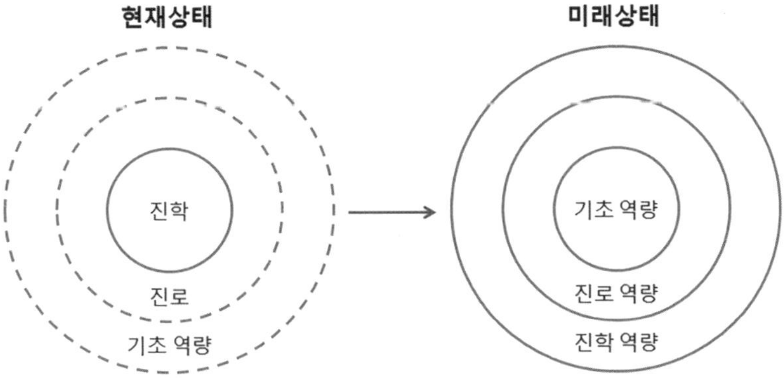

유치원과 초등학교에서는 기초 역량과 핵심 역량을 키우는 것에 주력할 필요가 있습니다. 그러한 역량은 평생 살아가면서 필요한 역량이기 때문입니다. 중학교에서는 자유학기제(자유학년제)와 연계하여 진로역량을 집중적으로 키워 줄 필요가 있습니다. 나를 이해하고, 인공지능을 이해하고, 미래 사회 변화를 파악하는 것이 진로 역량의 기초입니다. 그러한 역량을 바탕을 학생들은 미래 사회에서 다양한 직업들에 종사하며 성공적으로 살아가게 될 것입니다.

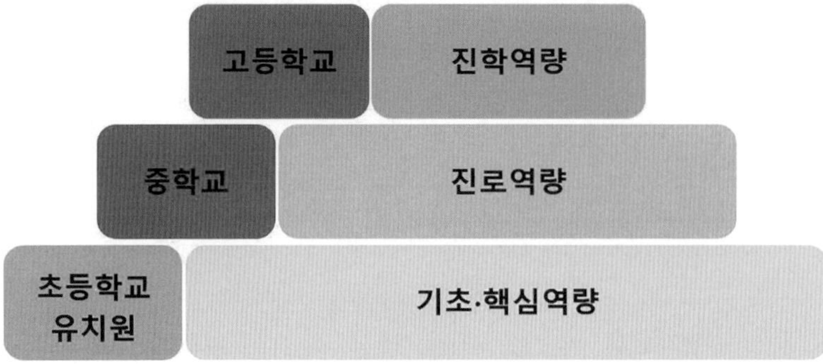

고등학교에서는 진학 역량을 키워주어야 합니다. 학업 설계를 잘 할 수 있는 역량, 대학과 전공을 올바르게 선택하는 역량을 키워주는 것이 중요합니다. 미래에는 학벌의 가치가 약해지고, 좋은 대학, 좋은 전공의 개념이 바뀌기 때문에 대학과 전공을 선택하는 데 있어서 신중해야 합니다. 자신의 역량을 키워줄 수 있고, 다양한 경험을 제공할 수 있으며, 미래 직업세계를 잘 준비시키는 대학과 전공을 선택하는 것이 중요합니다.

2. 알파세대에게는 사람이 아니라 인공지능이 진정한 경쟁자가 될 것입니다.

인공지능 시대 알파세대의 가장 큰 경쟁자는 사람이 아니라 인공지능입니다. 사람보다 훨씬 똑똑하고 빠르고 정확한 인공지능이 알파세대의 일자리를 위협합니다. 따라서 인공지능 시대에는 먼저 인공지능을 잘 살피는 것이 필요합니다.

인공지능이 발달하면서 벌써부터 사람의 일자리가 위협받거나 대체되고 있습니다. 아마존 고(Amazon Go)가 등장하면서 전 세계의 수많은 판매원들이 일자리를 위협받고 있습니다. 자율주행차가 조만간 보편화되면 기사들의 일자리가 위협받게 됩니다. 미국 샌프란시스코에서는 자율주행 택시가 시범적으로 운행되고 있습니다.

그러나 대체로 인공지능이 바로 인간을 대체하지는 않습니다. 많은 경우 인공지능은 처음에 도입될 경우, 사람과 같이 협력하며 일합니다. 인공지능 의사의 경우, 사람 의사와 협업하며 일하게 될 것입니다. 인공지능 변호사 역시 사람 변호사와 협업하며 일하게 될 것입니다. 로보어드바이저 역시 사람 펀드매니저와 협업하며 일하고 있습니다. 따라서 이러할 때 인공지능과 협력하며 일하는 방법을 익힐 필요가 있습니다. 과학기술정보통신부는 2017년 발간한 책자에서 미래 사회에서는 인공지능과의 공생과 협업이 중요하다는 점을 강조하고 있습니다.

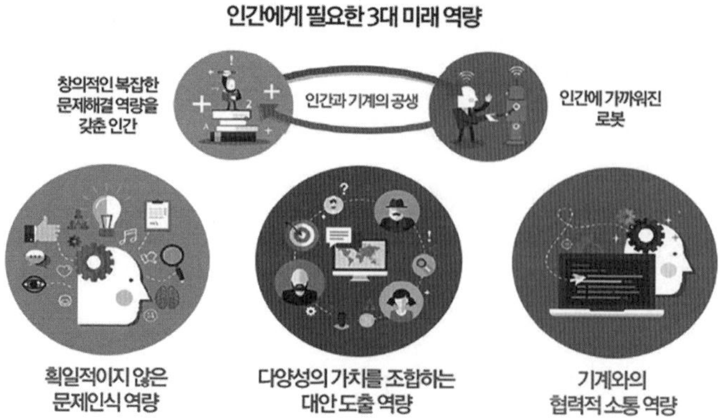

출처: 과학기술정보통신부, 2017.

그러나 인공지능이 더 발달하게 되면 사람의 일자리를 위협하게 됩니다. 인공지능이 빠르고 정확하게 일하면서 사람의 일자리가 하나씩 없어지게 되는 것입니다. 이러한 현상은 거의 모든 일자리에서 일어나게 될 가능성이 높습니다. 다만, 빨리 일어나는 영역과 늦게 일어나는 영역의 차이가 발생하게 될 것입니다.

인공지능 시대에는 그 어떤 직업도 안전하다고 할 수 없습니다. 따라서 인공지능 시대에는 직업을 잘 살펴서 준비해야 합니다. 한 가지 업무가 아니라 여러 가지 업무를 하는 직업은 부분 대체는 가능하나 완전 대체는 어려울 것입니다. 창의적이고 새로운 가치를 창출하는 영역의 업무를 인공지능이 대체하기 어려울 것입니다. 인간의 감성 또는 영성을 다루는 직업 역시 대체하기 쉽지 않을 것입니다. 인공지능을 개발하는 것 역시 대체하기 어려울 것입니다. 인공지능을 활용하여 새로운 가치를 창출하는 일도 대체하기 어려울 것입니다. 예를 들어, 교사의 경우 지식을 가르치는 업무를 주업무로 한다면, 그것은 인공지능이 잘 하는 것이기 때문에 위험합니다. 그러나 어린이를 돌보고 생활을 지도하고 교육하는 활동을 하는 교사의 업무는 대체하기 어려울 것입니다. 따라서 한 직업 내에서도 인공지능의 특성을 잘 살피면 대체되지 않고 역량을 발휘하며 직업에 종사할 수 있습니다.

출처: 한국고용정보원.

3. 인공지능은 돈을 많이 버는 직업에 제일 먼저 진출합니다.

미래 직업에 대한 생각도 바꿀 필요가 있습니다. 그동안 우리는 돈을 많이 버는 직업이 좋은 직업이라고 생각하였습니다. 또한 보통 사람들이 할 수 없는 전문적인 일에 종사하면 더 대접 받고 돈도 잘 벌 수 있다고 생각하고, 대부분의 부모들도 자녀들을 전문직으로 키우고 싶어 하였습니다.

그러나 인공지능 시대에는 좋은 직업이 개념이 바뀌고 있습니다. 좋은 직업이 항상 좋은 직업이 아니고, 새롭게 떠오르는 좋은 직업이 생기고, 사라지는 직업도 많이 생깁니다. 따라서 직업을 잘 살펴야 합니다.

특별히 인공지능을 잘 살펴야 하는데, 인공지능은 두 가지 분명한 특징을 가지고 있습니다. 첫째, 인공지능은 돈을 벌기 위해 만든다는 것입니다. 즉, 인공지능은 돈 되는 곳에 제일 먼저 들어온다는 것입니다. 둘째, 인공지능이 가장 잘 하는 것은 전문적인 분석이라는 점입니다. 사람에게는 매우 어려운 과제도 인공지능은 다양한 학습 방법을 통해 잘 풀어냅니다. 속도와 정확도 면에서 사람이 도저히 따라 올 수 없는 것입니다.

그런데 흥미 있게도 우리의 부모는 자녀들이 돈을 잘 버는 곳, 전문직에 취업하기를 희망합니다. 인공지능이 가는 곳과 우리의 희망이 일치하는 것입니다. 충돌하는 것입니다. 우리 다음 세대가 전문직에 취업하려면 인공지능과 겨루어야 합니다. 인공지능과 경쟁하여 이길 수 있는지, 다시 한 번 이점을 잘 살피고 진로를 설계하여야 낭패를 면할 수 있습니다.

4. 인공지능 시대에는 학벌이 아니라 능력을 갖추어야 대접받을 수 있습니다.

중세 시대에 대학은 유니버시티(university)로 출발하였습니다. 우주의 질서(universe)를 가르치는 것으로 출발하였고, 통합적인 학문이었습니다. 그러나 점차 학문이 분화되면서 멀티버서티(multi-versity)로 분화하였습니다. 그러나 4차혁명과 함께 모든 것이 연결되고 융합되는 초연결 사회가 되면서 융합이 강조되면서 점차 융합대학(con-versity로 변화해 가고 있습니다. 미래의 대학은 university, multiversity, conversity가 혼합된 형태로 변화해 나갈 것으로 전망됩니다.

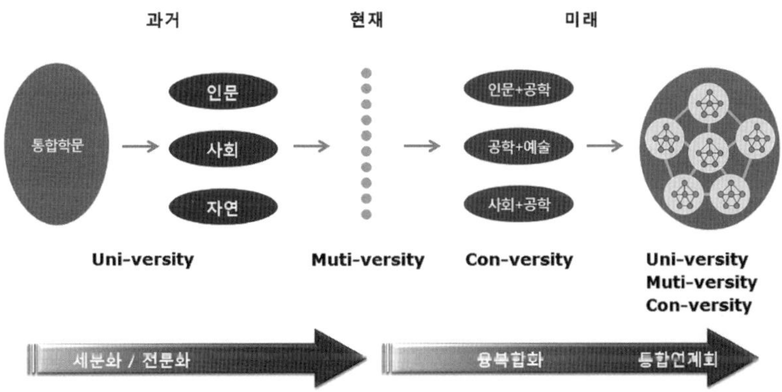

대학은 전통적으로 전문성을 키우는 것을 목표로 삼았습니다. 전문적인 직업을 얻기 위해서는 대학을 졸업하여야 하였습니다.

그러나 초지능체인 인공지능이 출현하고, 아무리 공부해도 초지능체인 인공지능을 따라가기 어려운 실정이 되었습니다. 따라서 미래의 대학은 인공지능과의 대결에서 살아남을 수 있는 영역과 내용, 즉 가치창출이 가장 중요한 과제로 떠오를 것입니다. 융합을 통한 새로운 가치를 창출하는 것, 문제를 해결하는 것이 아니라, 문제를 찾는 것, 스펙을 쌓는 것이 아니라 학생의 역량을 키우는 것 등 새로운 과제에 직면하게 될 것입니다. 미국의 애리조나 주립대학은 US News & World Report에서 3년 연속(2015-17년) 미국에서 가장 혁신적인 대학으로 뽑혔습니다. 이 학교의 전공은 모두 융복합과정으로 운영되고, 수업은 모두 프로젝트 수업으로 진행되면서 학생의 역량을 키워주는 대학으로 주목받고 있습니다.

온라인과 모바일 세계의 확장과 더불어 최근 온라인대학이 주목받고 있습니다. MOOC 등 온라인 과정이 주목받고 있고, 미네르바 스쿨은 하버드대학보다 유명한 것으로 인정받고 있고, 역량을 키워주는 대학으로 유명합니다. 코로나19와 더불어 앞으로 온라인대학은 더욱 확산될 가능성이 높습니다.

출처: 연합뉴스(2019.06.08).

구글 수석 엔지니어이면서 미래학자로 유명한 레이 커즈와일(Ray Kuzweil)은 특이점대학(singularity university)이라는 이름의 대학을 설립하였습니다.

출처: https://ecoworldreactor.blogspot.com

이 대학은 단기간의 다양한 과정을 운영하고 "나노 디그리(nano degree)"를 제공하는 "마이크로 칼리지"입니다. 빅데이터 6개월, 인공지능 6개월, 드론 3개월, 3D 3개월 등을 수강하고 나노 디그리를 받게 되면, 그것을 기초로 기업에 취업하게 됩니다. 최신 기술을 소유한 기업인들이 강의를 하기 때문에 최신 기술을 배울 수 있는 장점이 있습니다. 일종의 기업대학인데, 현장을 잘 이해하게 되고, 현장에서 필요한 내용을 배우기 때문에 기업에서도 만족도가 높습니다.

이제 대학도 변하고 있습니다. 학벌, 간판을 강조하던 시기를 벗어나, 능력을 키우는 것이 훨씬 중요한 시대가 오고 있습니다. 오프라인에서 온라인, 학벌에서 능력으로, 딱딱한 교육과정에서 유연한 교육과정으로, 교수 중심에서 학생 역량 중심으로 대학이 바뀌고 있는 것입니다. 이제는 어떤 대학을 가느냐가 중요한 것이 아니라, 어떤 대학이라도 그곳에서 어떤 역량을 쌓아 가느냐가 더욱 중요한 시대가 된 것입니다.

5. 미래에 잘 나가는 기업은 능력을 가장 중시합니다.

기업의 채용패턴에도 변화가 시작되고 있습니다. 그동안에는 학력과 학벌이 매우 중요한 요소로 간주되었습니다. 그러나 이제는 능력이 가장 중요한 시대로 변하고 있습니다. 우리나라 학부모들은 공무원, 공공기관, 대기업에 주로 취업하길 희망합니다.

2017년부터 국내 모든 공공기관에서 블라인드 채용을 실시하고 있습니다. 블라인드 채용은 정보를 가리고 채용하는 방식을 말합니다. 지원서류에 사진, 나이, 성별, 출신학교, 전공, 출신지역, 부모님 직업 등을 기입하지 못하게 하고 있습니다. 대신 지금까지 획득한 능력을 작성하도록 하고 있습니다. 대학에서 발표한 경험, 프로젝트 수행 경험, 동아리 활동 등을 통해 얻게 된 역량을 작성하게 되어 있습니다. 면접에서도 지원자 개인의 배경을 모른 채 오직 능력만을 확인하도록 하고 있습니다.

현재 우리나라 대기업의 10~20% 정도에서도 블라인드 채용을 하고 있습니다. 앞으로는 더욱 많은 기업이 역량을 보면서 채용하는 방식을 취할 예정입니다. 그리고 최근 대기업에서 공개채용을 하지 않고, 수시채용을 하는 방향으로 변화하고 있습니다. 필요한 때 수시로 인력을 능력 기반으로 채용하는 방식이 조만간 대세가 될 것입니다.

이미 글로벌 기업에서는 학벌이 아니라 능력을 중심으로 채용하고 있습니다. 인공지능이 지배하는 미래 능력 중심 사회에서 살아남으려면 당연히 능력을 보고 선발하는 것이 마땅합니다. 따라서 미래에는(10~20년 후에는) 모든 기업이 능력 중심 채용을 할 것이라고 예상할 수 있습니다.

〈기업 채용의 변화〉

	과거	현재	미래
글로벌 기업	능력	능력	능력
공기업	학벌	능력	능력
대기업	학벌	학벌/능력	능력

그동안 한국 기업 채용에서는 학벌이 중요한 영향을 미쳤습니다. 사람의 능력과 상관없이 유명대학을 졸업하면 프리미엄을 갖게 되었습니다. 그러나 5차 산업혁명 시대에는 그러한 채용이 무

의미합니다. 능력으로 경쟁하여야 하는 상황에서 간판을 보고 채용하는 것이 기업에 유리하지 않기 때문입니다. 글로벌 기업, 공기업이 앞장서 역량 기반 채용을 하는 이유가 그것이기 때문입니다. 알파세대들이 기업에 취직할 때쯤 우리나라 대부분의 기업은 능력 채용을 하게 될 것입니다.

이미 벌써부터 학벌주의 프리미엄은 약해지고 있습니다. 학벌보다는 능력 있는 인재를 선호하고 있습니다. 10년 후에는 더욱 약해지고, 20년쯤 후에는 완전히 붕괴할 것이라고 생각합니다. 다른 말로 하면, 20년 후에는 능력 중심 사회가 완전히 실현될 것이라고 판단합니다. 아무리 학벌이 좋아도 인공지능을 이길 수는 없기 때문입니다.

최근 서울대에 합격한 학생이 서울대를 포기하고 미네르바 스쿨에 진학한다고 결정하여 화제가 되었습니다. 미네르바 스쿨은 하버드대학보다 입학이 어려운 온라인 대학으로 유명합니다. 우수한 학생이 오프라인 대학이 아니라 온라인 대학을 택했다는 점, 서울대 간판과 학벌을 포기하고 능력을 선택하였다는 점에서 시사하는 바가 많습니다.

미래에는 어떤 대학을 선택하는 것이 중요한 것이 아니라, 그 대학에서 무엇을 배우는 것이 더욱 중요한 시대가 됩니다. 유명

대학에 입학하는 것이 중요한 것이 아니라, 그 대학에서 역량을 키우기 위해 노력하는 것이 더욱 중요합니다. 유명대학에 입학하지 못하였다고 하더라도 실망하지 않고 열심히 공부하고 능력을 쌓으면 얼마든지 기회를 창출할 수 있습니다. 이것이 5차 산업혁명이 새롭게 만들어 가는 취업생태계입니다.

6. 스펙의 개념이 변하고 있습니다.

능력이 강조되면서 스펙의 개념도 변하고 있습니다. 그동안 취업을 위한 스펙으로 어학성적, 해외 연수 경험, 자격증, 봉사활동 등이 중요하였습니다. 그러나 5차 혁명 시대의 스펙은 능력을 키워주는 활동을 얼마나 하였는가가 핵심입니다. 대학에서 발표를 얼마나 많이 잘 하였는지, 프로젝트를 얼마나 수행해 보았는지, 동아리활동을 얼마나 하였는지 등 각종 교내활동에 적극 참여하여 역량을 쌓은 경험이 바로 새로운 시대가 요구하는 역량입니다.

초중등 학교에서도 체험활동, 봉사활동, 교과활동 등에서 역량을 쌓는 경험을 많이 하는 것이 미래에는 훨씬 유리합니다. 미래에는 새로운 경험/능력개발 스펙이 요구됩니다.

그리고 그 경험을 포트폴리오로 정리하여 갖고 있으면 유용하게 사용될 것입니다. 포트폴리오는 자신의 활동 기록을 정리한

묶음철을 말합니다. 초등학교 때부터 경험한 다양한 내용을 정리하고, 특히 어떤 역량을 키웠는지 초점을 맞추어 정리하는 것입니다. 이는 오프라인과 온라인으로 가능합니다. 포트폴리오는 수시전형에서 자기소개서를 작성하는 데 매우 유용하게 사용될 수 있습니다. 또한 글로벌 기업이나 공기업, 대기업에 취업할 때에도 경력, 스펙을 작성할 때 매우 유용하게 활용될 수 있습니다.

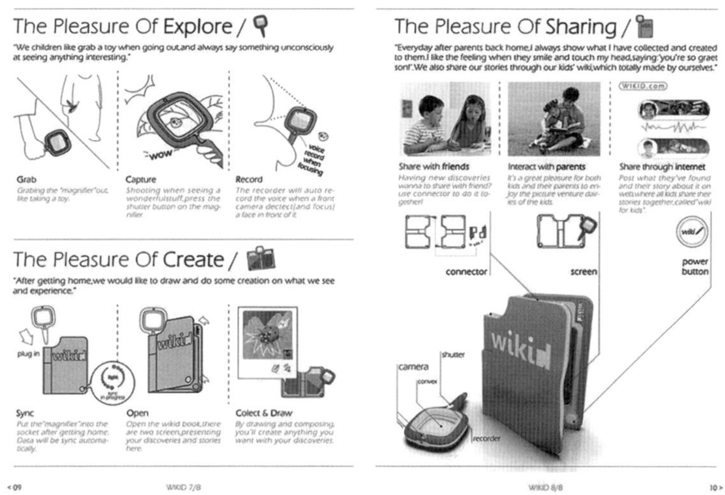

크리에이티브 커먼즈 라이센스

중학교 때에는 미래를 준비하는 장기적인 관점의 포트폴리오가 필요하였다면, 고등학교 때에는 진로 및 진학과 관련된 포트폴리오가 필요합니다. 이러한 포트폴리오는 수시전형을 대비할 때, 대기업이나 글로벌 기업의 취업을 준비할 때 매우 유용하게 활용할 수 있습니다.

7. 직업 목표보다는 사람(알파세대)에 집중하여야 합니다.

5차 산업혁명의 영향으로 기술 발전의 속도가 상상을 초월할 것입니다. 기술의 발전은 곧 사회의 변화에 영향을 미칩니다. 10년 전에 스마트폰이 생긴 이후 지난 10년 동안 스마트폰은 전 인류의 사람에 지대한 영향을 미쳤다는 점을 상기해 보면 미래의 모습을 추정할 수 있습니다. 미래를 지배할 인공지능 역시 상상을 초월할 정도로 빠르게 진보하고 있습니다. 우리는 현재 10년 후, 20년 후를 전망하기 어려운 실정입니다. 미래가 매우 불투명해 진 것입니다.

교육은 알파세대의 미래를 준비시키는 것입니다. 얼마 전까지만 해도 우리가 미래를 준비시키는 것이 가능하였습니다. 미래에 좋은 직업이 눈에 보였고, 그것을 얻으려면 좋은 대학, 좋은 전공에 진학하여야 했습니다. 좋은 대학, 좋은 전공이면 미래가 보장되는 것으로 알았습니다. 그러나 미래는 무엇이 좋은 직업인지 알 수 없는 시대로 변하고 있습니다. 의사, 변호사가 위험 직업으로 인식되고 있습니다.

미래가 불투명해졌습니다. 따라서 목표도 잘 보이지 않는 상황이 되고 있습니다. 이러한 상황에서 어떤 것이 미래를 잘 준비하는 것일까요? 그동안 우리는 목표를 보면서 교육을 하였습니다. 다음 세대가 가야 할 목표를 정하고 그 목표에 도달하는 길을 찾고 그것에 따라 자녀 교육을 설계하였습니다. 그러나 목표가 보이지 않는다면, 이제는 자녀에 집중하여야 합니다. 자녀의 소질과 재능이 무엇인지 파악하고, 그것을 극대화시키는 것을 출발점으로 삼아야 합니다. 그것만이 그나마 미래를 준비할 수 있는 지름길일 것입니다. 자녀의 소질과 재능과 역량을 잘 키우도록 하여 그것을 밑천으로 자녀들이 스스로 미래를 개척해 나가도록 도와야 하는 것입니다.

8. 나만의 가치를 창출하는 것이 미래 먹거리입니다.

그동안 우리는 창의성을 특별한 재능이 있는 사람이 갖고 있는 특성으로 이해하였습니다. 그러나 5차 산업혁명 시대의 창의성은 조금 다릅니다. 스티브 잡스의 관점이 5차 산업혁명 시대에 가장 부합합니다. 잡스는 창의성을 연결하는 것이라고 말하였습니다.

Creativity is just connecting things. When you ask creative people how they did something, they feel a little guilty because they didn't really do it, they just saw something. It seemed obvious to them after a while(Steve Jobs).

지식을 연결하여 새로운 가치를 창출하는 것입니다. 내가 갖고 있는 지식과 경험과 노하우, 내 친구들이 갖고 있는 지식과 경험과 노하우, 인터넷이나 독서를 통해 얻은 지식과 경험과 노하우를 연결시켜 새로운 가치를 창출하는 것이 창의성입니다. 지식을 연결하는 것이 융합입니다. 따라서 5차 산업혁명 시대에는 창의성과 융합이 동일한 의미라고 할 수 있습니다. 즉, 융합을 잘 하는 사람이 창의적인 인재인 것입니다. 더 나아가 가치를 창출하는 것이 창의성의 꽃입니다. 인공지능이 아무리 노력해도 새로운 가치를 창출하는 것이 쉽지 않습니다. 5차 산업혁명 시대의 창의성을 키워 새로운 가치를 창출하게 되면, 그러한 학생은 먹고 사는 문제가 해결되는 것입니다. 창의성을 이용하여 경제적 가치와 사회적 가치(사회를 변화시키는 것)를 창출하는 것이 미래 인재가 해야 할 일입니다.

9. 건강과 체력이 행복한 150년의 행복을 보장합니다.

건강과 체력이 중요합니다. 150세를 살아가기 위해서는 건강한 생활습관을 조기에 갖추는 것이 중요합니다. 또한 스포츠활동을 통해 신체 역량을 쌓는 것도 중요합니다. 우리나라 학생들의 특징을 보면, 최근 영양 상태가 좋아지면서 체격은 좋아졌으나 체력은 더욱 약화되고 있습니다. 체력이 가장 중요한 역량입니다. 어릴 때부터 체력을 쌓기 위한 스포츠활동에 익숙하도록 하여 평생 스포츠를 가까이 하도록 하는 것이 중요합니다.

신체건강과 더불어 정신건강도 중요합니다. 요즘 아이들의 정신건강이 더욱 나빠지고 있습니다. 인공지능 시대에는 더욱 좌절을 많이 경험할 것입니다. 이때 좌절하지 않도록 회복탄력성이 중요한데, 이를 키워주는 것도 중요합니다. 정신 건강과 관련하여 중독이 큰 문제로 떠오르고 있습니다. 스마트폰 중독, 게임 중독 등이 큰 문제로 삼고 이에 대한 대비를 하여야 합니다. 균형이 중요한데, 오프라인세계와 온라인(모바일)세계의 균형을 강조할 필요가 있습니다. 균형과 조화를 지키면 중독을 예방할 수 있습니다. 중독에 대해서는 금지하는 negative 접근보다는 다른 것(스포츠 등)에 몰입하도록 격려하는 positive 접근이 더욱 효과적입니다.

10. 남과 비교할 시간이 없습니다.

우리는 자녀를 키울 때 다른 아이와 비교하는 경향이 있습니다. 비교는 경쟁심을 자극하고 동기를 부여하는 긍정적인 측면이 있습니다. 그러나 비교는 동시에 자녀들에게 큰 스트레스를 주고 좌절감을 가져다주기도 합니다. 무엇보다 5차 산업혁명 시대, 인공지능 시대에는 사람과 비교하는 것이 무의미합니다. 제 아무리 뛰어난 옆집 아이도 인공지능을 당해낼 수 없기 때문입니다.

따라서 이제 비교보다는 알파세대의 자기 개발에 집중하는 것이 필요합니다. 모든 아이들은 고유한 특성을 갖고 태어났고, 그것을 발현할 때 아이는 행복합니다. 인공지능 시대에는 알파세대의 고유한 특성을 존중해주고 키워주는 것이 더욱 중요합니다. 우리 아이만의 고유한 미래가 있다는 것, 다른 아이들과는 다른 우리 아이만의 고유한 길을 가는 것이 미래를 더 잘 준비시키는 방법이라는 것을 유념할 필요가 있습니다.

크리에이티브 커먼즈 라이센스

제9장
5차 산업혁명 시대에 맞는 인간형 되기

1. 자기관리에 충실한 사람

5차 산업혁명 시대에 불투명한 미래를 적극적으로 헤쳐 나가는 사람은 자기관리를 잘 하는 사람입니다. 자기관리는 생활관리, 건강관리, 공부관리, 커리어관리 등을 생활 모든 면에서 관리해 나갈 능력이 있는 사람을 말합니다.

특히 균형적인 생활을 해 나가는 사람입니다. 스터디와 라이프의 밸런스, 워크와 라이프의 밸런스와 더불어 스마트폰 사용, 취미, 활동 등이 균형 있게 이루어지는 생활을 해 나가는 사람을 말합니다.

건강과 체력을 관리하는 능력을 갖춘 사람입니다. 규칙적인 생활과 스포츠활동을 통해 신체건강을 기울이는 노력과 더불어 스트레스 관리, 중독 예방 등 정신건강을 위한 노력도 필요합니다. 특히, 게임과 스마트폰, 가상현실, 혼합현실, 도박 등 중독될 수 있는 것들에 대한 예방이 매우 중요합니다. 이러한 노력이 학생 스스로 관리된다면 학생의 미래는 밝다고 할 수 있습니다.

알파세대가 학생 시절에 시간관리, 학업관리, 진로관리, 진학관리 등 필요한 관리 역량을 갖추도록 지도하는 것이 필요합니다. 자기주도적으로 관리능력을 형성한다면, 미래의 도전에 대응할 수 있는 상당한 능력을 확보하게 되는 것입니다.

자기관리가 가능한 미래 인재는 다른 학생과 성적을 비교하지 않고 남을 비하하지 않습니다. 새로운 경험을 통해 얼마나 발전했는지에 큰 가치를 둡니다. 자신의 꿈과 목표에 대해 끊임없이 묻고 답합니다. 꿈을 이루기 위해 자신의 삶을 리드하며, 목표를 결정합니다. 컴퓨터 게임, SNS 사용 시간을 스스로 조절하고 절제할 줄 압니다. 신문 읽기, 독서, 스포츠, 예술 등 다양한 경험을 항상 즐깁니다.

2. 자기주도 학습 능력을 갖춘 사람

5차 산업혁명 시대는 모든 것이 빠르게 변하기 때문에 지속적으로 학습하며 적응하는 것이 필요합니다. 그러기 위해서는 자기주도 학습 능력이 중요합니다.

자기주도 학습 능력은 주입식으로 키워지지 않습니다. 알파세대에게 기회를 주고 인내심을 갖고 기다려 줄 필요가 있습니다. 스스로 배움의 동기가 만들어질 수 있는 환경과 기회를 만들어주고 기다리는 것입니다.

알파세대는 자기들이 좋아하는 것을 발견하면 몰입하여 미친 듯이 집중하는 경향이 있습니다. 이러한 특성을 고려하여 자기가 좋아하는 것을 찾고 스스로 동기가 부여될 때까지 기다려주어야 합니다.

방탄소년단은 글로벌 스타입니다. 그들의 영향력으로 인해 방탄소년단은 UN에 가서 선 세계 청소년들을 대상으로 연설을 하기도 하였습니다. 그룹 리더인 랩몬스터(김남준)가 영어로 연설을 하였는데, 영어 수준이 매우 높습니다. 주목할 점은 그가 영어권 국가에서 영어를 배운 것이 아니라, 한국에서 미국 드라마를 보며 영어를 배웠다는 점입니다. 스스로의 동기 부여에 의해 스스로의 노력으로 깜짝 놀랄 영어 실력을 갖추게 된 것입니다. 자기가 좋아하는 웹툰을 보면서 일본어를 깨우친 학생도 많습니다.

한국인은 똑똑하고 재능이 많습니다. 이러한 재능을 키우도록 환경을 만들어 주고 동기를 부여하면, 이러한 재능을 높은 수준으로 키울 수 있습니다. 스스로 동기가 부여되어 학습하는 학생이 가장 무서운 존재이고, 5차 산업혁명 시대에서 가장 경쟁력이 있는 존재가 되는 것입니다.

3. 인성이 좋은 사람

어느 시대, 어느 지역에도 변함없이 통하는 것이 있다면 무엇일까요? 인성입니다. 글로벌 기업의 경우 똑똑한 사람을 선호할 것으로 생각하는데, 그것과 더불어 인성을 매우 강조합니다. 아마존 CEO 베이 조스는 당장 수많은 인재가 필요하더라도, 지원자들 가운데 인성에 문제가 있으면 한 사람도 뽑지 않는다고 합니다. 한국 최초로 Google에 입사한 이준영 씨의 말에 의하면 Google에서는 아무리 똑똑해도 팀워크에 문제가 있을 경우 뽑지 않는다고 합니다.

구글 본사서 일하는 첫 한국인 이준영씨

“아무리 똑똑해도 팀워크 문제 있으면 구글러 못 돼요”

중앙일보 2016년 10월 15일사. [중앙포토]

출처: 중앙일보(2016.10.15).

미래 우리 알파세대의 최대 경쟁자는 사람이 아니고 인공지능이 될 것입니다. 지금까지는 사람, 옆집 아이, 공부 잘하는 친구가 경쟁자였다면, 이제는 인공지능입니다. 사람이 아무리 뛰어나다고 하여도 인공지능의 지능을 따라 잡을 수가 없습니다. 그러면 그동안의 경쟁자였던 학교 친구들, 학급 친구들을 어떻게 보아야 할까요? 협력대상입니다. 미래 인공지능이 지배하는 사회에서 사람은 경쟁 상대가 아니고, 협력해야 하는 대상입니다. 집단지성을 발휘하여 인공지능의 위협에 공동 대응하여야 하는 것입니다. 그것만이 그나마 인공지능 시대를 지혜롭게 대비하는 방법이 될 것입니다.

4. 경험이 많은 사람

5차 산업혁명 시대의 다양한 도전에 슬기롭게 대처해 나가기 위해서는 경험이 중요한 자산이 될 것입니다. 다양한 문제를 경험한 사람이 다양한 해결책을 고안해 낼 수 있기 때문입니다.

따라서 알파세대가 다양한 경험(체험)을 하도록 기회를 주는 것이 중요합니다. 미국에 'no try, no experience'란 속담이 있습니다. 어릴 때부터 박물관, 미술관, 도서관, 과학관 등 지역의 여러 체험 시설을 방문하여 다양한 체험을 시키는 것이 필요합니다. 경험을 통해 지식을 쌓고, 식견을 확대하고, 창의성을 증진시키는 기회를 마련하는 것이 중요합니다. 다양한 경험을 통해 자아를 형성하고, 세계를 이해하고, 흥미와 호기심과 의지를 갖게 할 수 있습니다. 이러한 점들이 기초역량을 형성하는 데 크게 기여할 수 있습니다.

여행은 중요한 체험활동입니다. 여행은 새로운 것을 체험하고, 나와 다른 것을 비교하면서 기존의 틀을 깨는 매우 중요한 경험입니다. 유럽에서는 오래 전부터 여행을 교육의 매우 중요한 과정으로 생각하고 강조하였습니다. 자기를 돌아보거나, 개발하는 데 있어서 매우 소중하고 효과적인 수단인 것입니다.

진로체험도 매우 중요합니다. 미래의 직업세계가 다변화되는 만큼 오프라인 직업 외에도, 온라인 직업, 온라인과 오프라인이 연결되는 직업, 인공지능 관련 직업, 5차 산업혁명 관련 직업 등 다양한 직업 체험이 필요합니다. 체험 방법 역시 직접 체험하는 방식도 있으나, 앞으로 온라인과 모바일, 가상현실, 혼합현실 등을 통해 체험하는 것도 고려할 필요가 있습니다.

5. 독서를 좋아하는 사람

독서는 미래에 더욱 중요해집니다. 독서는 체험의 원천입니다. 독서를 통해 간접체험을 하는 것입니다. 미래에는 체험이 중요한데, 모든 것을 체험할 수 없으니, 독서를 통해 체험의 지평을 확대할 필요가 있습니다.

독서는 창의적 아이디어의 원천입니다. 독서는 위대한 정신세계와의 만남입니다. 독서를 통해 인류의 위대한 지성의 아이디어를 접하게 됩니다. 그렇기 때문에 스티브 잡스, 에릭 슈미트 등 유명인사들이 독서를 강조하고 있습니다. 특히, 스티브 잡스는 독서를 통해 인류의 유산을 접한 경험이 아이폰을 만들어 낸 원천이라고 말했습니다. 혁신과 창의성의 근원이 독서라는 것입니다. 알파세대의 상상력, 창의력, 새로운 아이디어 발굴, 새로운 가치의 창출을 위해 독서가 중요한 것입니다.

독서는 또한 디지털 미디어 시대에 그 의미가 큽니다. 스마트폰 등 디지털 매체는 단문 중심으로 생각하는 힘을 키워주는 데 한계를 갖고 있습니다. 스마트폰 덕분에 인류가 더욱 무지의 세계로 들어간다고 경고하는 전문가도 있습니다. 따라서 독서는 이러한 디지털 인류를 보완하는 측면에서도 의미가 큽니다. 알파세대가 어릴 때부터 책을 가까기 하도록 환경을 만들어 주고 독서 습관을 갖도록 지도하는 것이 필요합니다.

독서습관을 형성하기 위해 서점(도서관)을 활용하는 것이 중요합니다. 서점은 여러 가지 아이디어를 새로운 관점에서 조합하기 위한 최적의 장소입니다. 가능한 다양한 정보를 알아두는 것은 기획의 기본입니다. 쓸데없어 보이는 정보라도 새로운 지식과 만나면 화학 작용을 일으켜 기발한 아이디어로 변신하곤 합니다. 서점은 세계의 거의 모든 정보를 한눈에 훑어볼 수 있는 장소입니다. 자신의 세계를 넓혀가는 것이 아이디어의 원천인 것입니다.

크리에이티브 커먼즈 라이센스

6. 감성이 풍부한 사람

5차 산업혁명 시대는 감성의 시대입니다. 인공지능이 급속히 발달하면서 지적인 측면에서 인공지능에 대한 의존성이 높아질 것입니다. 그러나 미래에도 감성은 인간의 고유한 영역으로 남을 가능성이 높습니다.

풍부한 감성을 형성하기 위해서는 예술활동이 중요합니다. 예술활동은 두 가지 이유 때문에 중요합니다. 하나는, 예술활동이 창의성을 증진시키고 공감 등 사회적 역량을 향상시키는 데 도움이 되기 때문입니다. 다른 하나는, 인공지능이 가장 수행하기 어려운 부분이 감성적인 영역이기 때문입니다. 인공지능이 아름다움을 모방할 수는 있으나, 아름다움을 느끼고 표현하고, 공감하는 능력은 인간의 고유한 특성으로 남게 될 가능성이 높습니다. 문화예술을 통한 창의성 증진 교육은 상당 기간 동안 인간만이 할 수 있는 영역으로 머물게 될 것입니다, 인간만이 가진 고유한 특성과 가치를 논할 때, 감성과 예술성이 중요해지고, 이러한 분야에 익숙한 사람이 미래에는 더욱 귀중한 사람이 될 것입니다.

크리에이티브 커먼즈 라이센스

문화예술 교육은 미적 감성을 키워주는 교육입니다. 인공지능이 아무리 발전하여도 아름다움을 알기는 어렵습니다. 문화예술 교육은 인간성을 확인하고, 인간성의 가치를 높이는 데 중요한 역할을 담당할 것입니다. 또한 알파세대가 자신을 표현하면서 창의성을 진작시키고, 타인을 이해하고 공감하는 역량을 키우는 데에도 도움이 됩니다. 어릴 때에는 미적 체험을 중심으로, 학생 시절에는 체험, 표현, 공감, 이해 능력을 키우는 것이 중요합니다.

7. 색깔 있는 사람

산업혁명 시대는 유니폼의 시대였으나, 디지털 시대는 개성의 시대입니다. 산업혁명 시대는 소품종 대량생산의 시대였으나, 디지털 시대는 다품종 소량생산 시대입니다. 5차 산업혁명 시대는 그것을 넘어 개인 맞춤형 시대가 될 것입니다.

기업에서는 지금까지 규격화된 틀에 따르는 사람을 좋아하였으나, 그러한 사람은 미래에는 경쟁력을 잃게 됩니다. 개성 있고, 색깔 있는 사람의 창의적 아이디어가 존중받는 시대로 변모할 것입니다. 바야흐로 색깔 있는 사람이 대접받는 시대가 오고 있는 것입니다.

알파세대가 색깔 있는 사람이 되기 위해서는 자기가 좋아하고 잘하는 것을 지속적으로 추진하도록 장려하는 것이 필요합니다. 그러면 그것을 통해 꿈이 생기게 될 것입니다. 자기가 좋아하고 잘하는 것이 미래 진로와 연결된 것이 학생을 행복하게 하고, 미래를 잘 준비하는 지름길입니다. 대학을 선택하거나(오프라인, 온라인대학), 전공을 선택하거나, 직업을 선택하는 것 모두 이것에 기초할 필요가 있습니다.

미래의 색깔 사회에 대비하기 위해서는 나만의 색깔을 찾아야 합니다. 자기의 특성을 분명히 파악하는 것이 필요합니다. 그것에서 나만의 경쟁력을 발견해야 합니다. 이를 기반으로 퍼스널 트레이닝을 할 필요가 있습니다.

8. 디지털 능력이 뛰어난 사람

미래 사회는 디지털 사회입니다. 디지털 혁명이 더욱 가속화될 것입니다. 따라서 디지털 리터러시가 중요합니다. 디지털 세계를 이해하는 능력, 디지털 기기를 활용하는 능력이 필요합니다. 인공지능(AI) 리터러시도 중요합니다. 가상현실과 증강현실과 혼합현실에 대한 이해도 중요합니다. 즉, 디지털 리터러시, AI 리터러시, 가상현실 리터러시, 증강현실 리터러시, 혼합현실 리터러시 등이 중요합니다. 이를 위해 과학적 소양을 키워주는 교육이 필요합니다.

크리에이티브 커먼즈 라이센스

미래 경제는 소프트웨어 회사가 장악합니다. 인공지능도 소프트웨어입니다. 현재 세계 최고의 기업 가치를 갖고 있는 기업은 애플, 마이크로소프트, 아마존, 구글, 페이스북입니다. 이 기업들은 모두 IT 기업이고, 소프트웨어 기업이고, 인공지능 기업이고, 플랫폼 기업입니다. 이 기업들이 미래 세계도 지배합니다. 현재 미국에서는 소프트웨어개발자가 가장 좋은 직업입니다. 소프트웨어가 지배하는 시대에 소프트웨어 교육은 필수입니다. 이를 위해 컴퓨터 프로그래밍과 코딩을 배우는 것은 필수적입니다. 디지털 시대에 코딩은 영어만큼 중요한 제2의 언어가 될 것입니다. 컴퓨터를 기반으로 사고력과 문제해결력을 키워주는 것은 미래 인재가 갖추어야 할 필수 요소입니다.

크리에이티브 커먼즈 라이센스

인공지능 시대, 빅데이터 시대에 수학이 대접받고 있습니다. 논리적으로 문제를 해결하는 능력이 중요해지기 때문입니다. 코딩이나 소프트웨어 교육이 목표로 하는 것도 결국 문제해결을 위한 논리적 사고 능력을 함양하는 것이기 때문입니다. 또한 빅데이터를 이해하고 해석하고 활용하는 데 있어 수학이 중요한 역할을 합니다. 따라서 수학을 충실히 배우는 것이 필요합니다.

9. 영어를 잘 하는 사람

언어는 인간의 정신세계를 형성하는 것이기 때문에 매우 중요합니다. 인간의 사고를 형성하고 표현하는 데 있어 기초가 되는 것이 언어입니다. 따라서 인간이 존재하는 한 언어는 필수적인 것이라고 할 수 있습니다.

5차 산업혁명 시대에는 특히 영어가 중요합니다. 영어는 글로벌 언어이기 때문에 그동안 소통을 위해 영어가 중요하였습니다. 미래에는 인공지능이 번역과 통역을 하면서 영어의 중요성이 줄어들 것이라고 생각할 수 있습니다. 그러나 역설적으로 미래에는 영어가 더욱 중요해집니다. 인공지능 기술 패권을 쥐고 있는 미국은 미래에도 세계 경제패권을 갖게 될 것입니다. 대부분의 주요 인공지능은 영어로 개발될 것입니다. 영어가 보편언어로 완전히 자리매김할 수 있습니다. 따라서 미래 사회를 이해하고, 미래 사회에 적응하고, 의사소통을 위해서도 영어는 더욱 중요해질 것입니다. 미래 사회에는 데이터가 돈인데, 데이터의 바다를 헤엄치기 위해서도 영어가 필수입니다.

10. 질문을 던지는 사람

5차 산업혁명 시대에 중요한 역할을 할 수 있는 사람은 문제를 해결하는 능력과 문제를 찾는 능력입니다. 갈수록 사회가 복잡해지면서 문제가 많아지고, 또한 해결방법을 찾기도 어려워지고 있기 때문입니다.

어떤 미래가 다가올지 모르기 때문에 어떤 문제가 닥치더라도 해결할 수 있는 능력을 갖추는 것은 매우 중요합니다. 직업세계에서도 다양한 문제를 해결하는 능력을 매우 중시하고 있습니다. 그러나 어려운 문제를 해결하고 답을 찾는 것은 인공지능이 더 잘 할 수도 있습니다. 따라서 동시에 문제를 찾는 노력이 필요합니다. 문제를 찾는 것은 상당기간 동안 인공지능이 할 수 없는 영역이 될 것입니다.

그러려면 틀을 깨뜨리는 사고와 탐구가 필요합니다. 사고의 틀을 바꾸면 보이지 않던 것들이 보이기 때문입니다. 이를 위해 질문하는 힘을 키워주는 것이 중요합니다. 구글이 답할 수 없는 질문을 찾는 것입니다. 이는 인공지능이 할 수 없는 것입니다. 이를 위해서는 빅퀘스쳔이 있는 학습이 중요합니다. 수시로 이런 질문을 던지는 것을 장려하는 것이 창의적 인재를 키워내는 방법입니다.

미국 '최고 교수법 연구소'의 설립자 켄 베인은 4차 산업혁명 시대에 '성장형 사고(growth mindset)'를 갖게 해주는 것이 중요하다고 말하였습니다. 켄 베인은 창의성을 끌어내는 가장 효과적인 방법을 다음과 같이 제시하였습니다. "학생들을 소규모 그룹으로 나눠 난생처음 마주하는 문제를 스스로 풀게 해보십시오. 되도록 기존 통념으로는 이해하기조차 어려운 문제를 줘야 합니다. 문제 해결을 위해 협업하는 과정에서 그동안 배운 지식을 총동원해 생각, 분석 그리고 무엇보다 중요한 '실패'를 경험할 것입니다. 기존에 없는 새로운 해결책을 찾기 위해 '딥 러닝'에 빠져드는 그 순간 창의성이 발현할 것입니다."

참고문헌

김상균(2020). 메타버스. 플랜비디자인.

김윤명(2016). 지능형 자율주행차의 법률 문제. 컴퓨터월드.

김창환. 알파세대의 미래와 교육. 네이버 블로그.

김창환 외(2017). 4차 산업혁명 대응을 위한 중장기 정책방향. 한국개발연구원.

김한준(2017). 4차 산업혁명 시대의 신직업(2017 신직업연구). 한국고용정보원.

김현수(2018). 경영의 신경영. 국민대학교출판부

김현수(2016). 제4차 산업혁명의 서비스경제화 촉진 연구. 서비스연구, 제6권 제3호, pp.15-27.

노가영, 조형석, 김정현(2020). 콘텐츠가 전부다. 미래의 창.

마이클 바스카 지음, 최윤영 옮김(2016). 큐레이션. 예술아카이브.

마카스 드 사토이 지음, 박유진 옮김(2020). 창조력 코드. 북라이프.

신한철(2015). 뜨는 증강현실IT 올해 시장규모 1조 이상. 시사경제신문.

위키백과(2020). 클라우드 컴퓨팅, Wikimedia Foundation, Inc.

이재형 외(2020). 테크로사피엔스. 중앙books.

이지성(2019). 에이트. 인공지능에게 대체되지 않는 나를 만드는 법. 차이정원.

이해성(2020). 1등의 독서법. 미다스북스.

일본경제신문사 지음. 서라미 옮김(2019). AI 2045. 인공지능 미래보고서. 반니.

조영임(2016). 인공지능 기술 동향 및 발전방향. 주간기술동향.

조완섭(2016). 빅데이터와 활용사례. 충북대학교.

Bernie Trlling, Charles Fadel 지음. 한국교육개발원 옮김(2012). 21세기 핵심역량. 학지사.

BLOTTER(2015). 쓱쓱 칠하면 코끼리가 '둥실'…디즈니, 증강현실 기술 공개, Bloter&Media Inc.

JeongGil Ko(2013). Realizing the Internet of Things(IoT) with Smart Device Platforms(IoT Technology Seminar 자료), 한국정보통신기술협회(TTA).

OECD(2018). The Future We Want. The Future of Education and Skills: Education 2030.

Philip N. Howard(2015). Pax Technica. Yale University Press.

World Economic Forum(2015). New vision for education: Unlocking the potential of technology. Geneva.

● **저자 구자억**은 베이징사범대학에서 교육학박사학위를 취득하였고, 현재, 서경대학교 혁신부총장, 한국창업교육학회장으로 있다. 극동대학교 혁신부총장 및 한국교육개발원 선임연구위원, 본부장 등을 역임했다. 또 교육부 정책자문위원, 대학설립심사위원 등 중앙이나 시도교육청 등에서 다양한 자문활동을 해왔다. 구자억은 (사)한중교육교류협회장 등을 맡아 한중교육교류를 통한 한중우호협력을 추진해 왔으며, 대학컨설팅전문가로도 활동하고 있다.

● **저자 김창환**은 연세대학교와 연세대학교 대학원에서 공부한 후, 독일 튀빙겐대학교에서 교육학박사학위를 취득하였다. 현재 한국교육개발원 선임연구위원으로 미래교육, 통일교육, 교육통계, 국제교육에 관한 연구를 수행해 왔고, 교육부, 과학기술부, 문화체육관광부 자문위원으로 활동해 왔다. 2018년 이후 현재까지 학교(교장, 교사), 학생, 학부모를 대상으로 미래교육에 대해 100회 이상 강의를 하였고, 네이버 블로그 〈알파세대의 미래와 교육〉을 운영하고 있다.

● **저자 김한준**은 중앙대학교에서 심리학을 공부하여 박사학위를 취득하였고, 현재 한국고용정보원 연구사업본부장으로 재직하고 있다. 고용노동부 자문위원, 대통령자문 교육혁신위원회 자문위원, 한국잡월드건립자문위원으로 활동하였다. 오랫동안 직업을 연구하였고, EBS에서 직업 분야 전문가로 고정 출연하였다. 최근에는 4차 산업혁명과 미래직업에 대해 연구하며 다양한 직업 보고서를 작성하고 있다.

● **저자 김현수**는 서울대학교(학사)와 KAIST(석사)에서 공부한 후, 미국 University of Florida에서 박사학위를 취득하였고, 1994년부터 국민대학교 경영학부 교수로 재직하고 있다. (사)한국IT서비스학회 회장, (사)한국정보기술학술단체총연합회 회장 등을 역임하고, 현재 (사)서비스사이언스학회 회장을 맡고 있다. 연구 분야는 경영철학 기반의 신경영 이론 구축 및 서비스학 등이며, 신경영 및 서비스학 확산 활동에 주력하고 있다.

● **저자 여인국**은 컴퓨터시스템응용 기술사이자 기술경영학박사이다. 국방과학연구소, 한국산업기술평가원, 한국기술거래소, 한국산업기술진흥원에서 지식과 경험을 쌓은 기술사업화 전문가이다. 미래 사회변화에 많은 관심을 가지고 있으며 비즈니스 디자이너라는 새로운 직업을 스스로 만들어가고 있다. 수많은 연구와 사업수행 실적을 보유하고 있으며, 멀티미디어시스템, 기술사업화 이론과 실제 등의 저서가 있다.

5차 산업혁명 시대 리더가 되라

초　판 1쇄 발행 / 2021년 7월 15일
초　판 2쇄 발행 / 2022년 2월 25일

공저자 / 구자억·김창환·김한준·김현수·여인국
발행인 / 이　중　수
발행처 / 동　문　사

서울특별시 서대문구 홍제원 1길 12
(홍제동 137-8)
Tel : 02)736-3718(대), 736-3710, 3720
Fax : 02)736-3719
등록번호 . 1974.04.27. 제9-17호
가격 : 17,000원

ISBN : 979-11-6328-298-3 (93370)
E-mail : dong736@naver.com
www.dongmunsa.com